THE
POLITICS OF
EDUCATION
A Critical Introduction
Kenneth J. Saltman

教育政治学概论

〔美〕肯尼斯·J. 索尔特曼 著
曲英梅 译

商务印书馆
The Commercial Press

The Politics of Education: A Critical Introduction / by Kenneth J. Saltman/
ISBN: 978-161205443-8

Copyright © 2014, Taylor & Francis.

Authorized translation from English language edition published by Routledge, an imprint of Taylor & Francis Group LLC. All rights reserved.

本书英文原版由Taylor & Francis出版集团旗下Routledge出版公司出版，并经其授权翻译出版。版权所有，侵权必究。

The Commercial Press, Ltd. is authorized to publish and distribute exclusively the Chinese (Simplified Characters) language edition. This edition is authorized for sale throughout Mainland of China. No part of the publication may be reproduced or distributed by any means, or stored in a database or retrieval system, without the prior written permission of the Publisher.

本书中文简体翻译版授权由商务印书馆有限公司独家出版并限在中国大陆地区销售，未经商务印书馆书面许可，不得以任何方式复制或发行本书的任何部分。

Copies of this book sold without a Taylor & Francis sticker on the cover are unauthorized and illegal.

本书贴有Taylor & Francis公司防伪标签，无防伪标签者不得销售。

前　言

本书通过援引围绕当代教育改革和重组的辩论的方式对教育政治学进行多维度介绍和概述，使读者从不同的政治角度了解教育政治学的观点。它通过区分妥协和社会变革这两种方法来理解教育的社会角色和功能；它从广泛的社会、系统、制度和结构的有利地位来处理政治问题，将广泛的现实与个人的、地方的和务实的教育现状联系起来，同时也将学生和教师主体性与集体斗争的可能性联系起来。

本书的新颖和独特之处在于它汇集了政治学的方方面面及多种批评视角，包括文化政治学、政治经济学、霸权理论、全球化、新自由主义、阶级、性别、种族、生物政治学、惩戒权、心理学及"平民百姓"，并尝试探讨许多当代政策问题，包括课程设置却又不局限于此，比如教法、私有化、共核、标准化测试、学校资助、单一性教育、教育中的种族主义、全球性组织及其对当地的影响。最后，它以一种容易理解的方式引入多种批判视角，包括批判理论、批判教育学、精神分析学、女性主义和福柯式的各种批判理论观点。这种做法是与众不同的。

目 录

引言　怎样理解教育政治学中的"政治"概念？ ················· 1
　　一、教育的社会目的：三种政治观点 ····················· 4
　　二、章节预览 ·· 18
　　三、本书组织结构 ···································· 21
　　四、拓展阅读 ·· 21
　　五、讨论题 ·· 21

第一章　教育中的文化政治 ································ 22
　　一、文化政治：斯图尔特·霍尔的建构主义文化理论 ······· 25
　　二、文化政治与负责的教师 ···························· 26
　　三、文化政治与阶级：皮埃尔·布尔迪厄与资本形式 ······· 28
　　四、对当代教育政策的影响 ···························· 31
　　五、拓展阅读 ·· 33
　　六、讨论题 ·· 36

第二章　教育中的政治经济学 ······························ 37
　　一、学校教育中的政治经济学和社会再生产 ·············· 38
　　二、福特主义和后福特主义下的学校教育 ················ 43

三、经济视角的局限性：人类主体性与阻力 ·················· 45
　　四、拓展阅读 ··· 47
　　五、讨论题 ·· 50

第三章　教育政治心理学 ··· 51
　　一、教育批判心理学 ··· 51
　　二、环境及学生经历的具体性 ·· 55
　　三、差异构成社会与自我 ·· 56
　　四、压抑 ·· 58
　　五、权力在自我发展中的生产力 ······································· 63
　　六、拓展阅读 ··· 65
　　七、讨论题 ·· 69

第四章　霸权主义 ··· 70
　　一、葛兰西与霸权主义思想 ··· 70
　　二、"优质"郊区教育的不足 ·· 73
　　三、当下霸权主义盛行的原因 ·· 74
　　四、拓展阅读 ··· 77
　　五、讨论题 ·· 78

第五章　惩戒权、种族与考试 ·· 79
　　一、惩戒权 ·· 79
　　二、体罚黑人学生 ··· 82
　　三、抵抗的可能性 ··· 84
　　四、福柯式权力的理论问题 ··· 85
　　五、结语 ·· 88
　　六、拓展阅读 ··· 88

  七、讨论题 ··· 90
第六章　生命政治与教育 ·· 91
  一、什么是生命政治？ ·· 91
  二、主权的变迁 ·· 93
  三、生命知识的产生 ·· 93
  四、塑造主体 ·· 95
  五、平等、解放的生命政治？ ·································· 97
  六、拓展阅读 ·· 98
  七、讨论题 ··· 100
第七章　新自由主义与学校企业化改革 ························· 101
  一、何为新自由主义？ ······································· 101
  二、新自由主义教育制度的重建 ······························· 103
  三、利益动机 ··· 107
  四、理论动机 ··· 107
  五、结论 ··· 109
  六、拓展阅读 ··· 110
  六、讨论题 ··· 112
第八章　当前教育改革中的性别政治问题 ······················· 114
  一、教育领域的女性物质性"战争" ···························· 114
  二、教育领域的女性象征性"战争" ···························· 115
  三、基于性别的理性与经验之分：一种教育政治策略 ············ 116
  四、包容性与学校至工作的历程 ······························· 119
  五、性别操演主义 ··· 121
  六、结语 ··· 123

七、拓展阅读 ·· 124
　　八、讨论题 ·· 125

第九章　全球化与教育 ·· 126
　　一、全球企业式教育 ·· 126
　　二、超国组织 ·· 128
　　三、国际货币基金组织/世界银行 ···································· 129
　　四、美国国际开发署 ·· 131
　　五、结论 ·· 132
　　六、拓展阅读 ·· 133
　　七、讨论题 ·· 134

第十章　维持现状还是开展新的公立学校运动 ······················ 136
　　一、早期公立学校运动 ·· 137
　　二、学校企业化改革对公立教育的圈地运动 ························ 139
　　三、区分教育中的公有权和私有权 ·································· 145
　　四、结语 ·· 149
　　五、讨论题 ·· 149

案例研究：批判教育的斗争 ··· 152
　　案例一：伊利诺伊州芝加哥市小村庄社区新建公立高中 ············ 152
　　案例二：智利——从"企鹅革命"到"智利的冬天" ················ 153
　　案例三：巴西阿雷格里港 ··· 154
　　案例四：西雅图拒绝标准化考试 ····································· 154
　　案例五：芝加哥教师工会罢工 ······································· 155

术语表 ··· 157

引言　怎样理解教育政治学中的"政治"概念？

从自由、保守和批判角度看教育政治

本章详述了有关教育政治学的若干不同观点，讨论了教育具有政治性的必然原因；同时在涉及课程、教法、政策和管理的情况下，区分了教育政治学中的自由主义、保守主义和批判主义的研究方法。至于为什么人们说教育的非政治性或实用技术性本身是一种政治主张，书中也给出了解释。本章的末尾就后续章节和全书结构提供了说明。

本书是有关教育政治学的概论性著作。在过去几年间，教育引发的政治斗争时常见诸各大媒体。一些广为人知的中小学教育"改革"措施相继出台，包括特许学校（私人管理的公立学校）、缩短教师任期、根据学生考试成绩而不是教学经验和学历支付教师工资、限制教师在工会中集体谈判的权利、限制罢课权利、扩大学券制（允许用公共税收支付私人、营利和宗教性质的教育）、加大私立学校的奖学金税收减免政策的扶持力度（鼓励家长放弃公立学校，转而接受公众资助就读私立学校）、规范共同核心（共核）课程，以及将公共资助与学生考试成绩挂钩。

这些看似迥然不同的改革实际上遵循了一种非常一致的模式，理解教育政治学有助于我们了解这个模式。然而，这些改革的模式不能按照主流选举政党的普通政治范畴来理解。共和党和民主党在许多问题上意见不一，但在改革教育的问题上，两党的观点渐趋一致。双方在很大程度上接受了包括我自己在内的批评家轮番描述的"学校企业化改革""新自由主义教育"或者"学校市场化改革"的观点。也就是说，美国的两个政党是站在企业所有者和管理者的立场，从价值观、兴趣和理念的角度出发来看待公立学校教育。最主要的问题是，学校如何为企业培养未来的优秀员工，以及怎样打造员工队伍才能为赢得国际经济竞争创造条件。

而且，学校和地区愈加推崇企业文化。学校管理者被描述为"首席执行官"，教师需要"提供"可衡量的量化成果，学生穿着类似职业装或销售制服的校服，课程设置和教学方法日益标准化，学校必须相互比拼考试成绩以确保获得联邦资助，而父母被描述为"消费者"，就好像公立学校是为私人服务的。对年轻读者来说，教育的目的和作用应以市场为导向的假设如此普遍和明显，根本不值得质疑。就政治而言，他们也无特殊之处。但是，这些教育价值观是最近才出现的，相当激进，而且完全是政治性的。在过去的20多年，它们稳步取代了其他长期占主导地位的价值观，例如教育是为了人类的全面发展，为了政治参与和公民参与，为了教育哲学家约翰·杜威（John Dewey）提倡的社会重建，即通过重新理解经验来重塑世界及其体制。在当前环境中，有效传递知识，知识传递的标准化测试评估及教学和课程的标准化才是重中之重。教育商业化将公立学校视为个体学生或家庭谋利的工具，而不考虑整个社会的福祉。社会也只是给作为工人和消费者的个体带来好处，而不是给全体民众或人类带来利益。

现在有关知识和教育的主导商业观点认为，教育本质上不是政治性的，主要的教育问题涉及所谓知识传递的方法。这个观点认为，诸如英语、数学、科学和社会研究等学科是政治中立的，或者对各年龄段的大多数学生来说应该将其视为政治中立的，尽管不同的个人、文化团体和经济阶层对这些课程的讲授方式和重点存在分歧。例如，学生是否应该像以往一样背诵文学作品？学生应该学习民族文学吗？是否应该学习那些发出"被压抑声音"的文学，比如女性作家的作品或有关工人、移民等弱势群体的作品？他们应该通过人物、情节和矛盾冲突等形式要素来学习文学分析吗？还是否应该学习从意识形态和相关物质利益的角度来解读文本？以科学为例，学生应该背诵公式吗，还是把学习重点放在概念理解上吗？在科学解释的基础上，学生是否应该学习宗教对科学和自然的另类解释，甚至以宗教阐释替代科学阐释？科学与数学的教学是应该结合社会问题还是应脱离具体语境？事实是人们对这些问题的答案存在分歧。这种分歧也并非仅仅是知识层面的。然而，分歧是必然出现的。要了解这些分歧类型，需要深入了解教育的竞争愿景是如何影响和反映有关社会的竞争观点，并进一步巩固特定团体的利益。

这些关于教育的社会目的和角色的分歧是对教育政治的另一种思考方式。这种考虑使我们超越了政党提供的局限的概念工具。这种对价值观、观念、意识形态和物质利益的争论，使我们更加了解美国近十年来教育政策和实践的巨变。

在这里，基于教育的社会目的，我将教育政治学分为保守主义、自由主义和批判主义三个基本范畴。在这个讨论之后，我将描述后面的章节。每一章均紧扣教育政治学的内涵，并对其有所扩展。

一、教育的社会目的：三种政治观点

自由主义和保守主义教育观点均认为，教育在维持社会稳定、培育个体参与现有经济和政治制度方面发挥重要作用，或者至少为个人进入诸如人力系统和政治体系权威机构提供机会。自由主义者和保守派也基本上认同，教育水平的提高意味着更多就业机会。学校教育为本国经济培养工人，这样本国才能在资本主义经济中与别国竞争市场和工作岗位并取得成功。我们还可这样描述自由主义和保守主义：二者的教育目标都是传播主导价值观和知识并塑造性情（虽然他们可能不完全赞同这些价值观），并且他们认为这种传播总体来说是有利于个人和社会的。

我们可称其为妥协的观点，因为二者都认为教育是为了使学生适应现有的社会秩序。自由派和保守派的分歧在于以什么方式传播或传递主导价值观、知识并塑造性情才是最好的。在某种程度上，他们对应该强调哪些价值观、知识和塑造何种性情持有不同意见（下一章我将详细讨论教育中的文化政治学）。他们在教学方法和课程上也有分歧。正如我们将看到的那样，自由派和保守派共同致力于将个人融入现存社会秩序，这与对学校教育持有批判和激进的主张形成鲜明对比，这种主张认为学校教育方式一方面用来复制现有的不公正的社会结构，另一方面却也可能将这种不公正的社会秩序转变为更加公正、平等、自由和民主的结构、制度和实践。

（一）教育政治学的自由主义观点

自由主义教育指源于欧洲启蒙运动的自由主义哲学传统，或者是与政治自由主义相关的一系列观点（以霍布斯、洛克等为代表）。实际上，保守主义、批判主义和自由主义的政治观点都是源于哲学自由主义，其重点在于理性的运用及人类解放的可能性和进步。当代自由主义政治家倾向主张教育去政治化、教育政策中立化和非意识形态化。

当代自由主义教育家同时也借鉴了自由主义哲学传统，特别重视教育在社会共识形成过程中所扮演的重要角色。大多数自由主义者强调教育方法应以自由的交流方式为基础，如对话、辩论、批判性思维或解决问题能力的培养。他们认为，这种课堂形式和沟通方式塑造了民主社会的自由主义政治价值观。然而，这些教育价值观与自由主义的另一个普遍接受的价值观相冲突：它强调有效地传递所谓的中立内容。因此，自由主义者往往乐于接受有效教学方法的实验，对可以保证"有效的传递"的教学实验方法持开放态度。提倡教育方法的自由框架，一种教育方法是否可行主要看它的内容和效果。典型的例证就是自由主义者已经开始接受以前的保守措施，即应该用标准化的考试分数来衡量哪些方法更有效。在当前环境下，以"效果"为衡量标准的教育实验往往以市场需求为基础，强调教育的标准化、知识的灌输和传递，而这些与传统自由主义主张的关于教育需要对话、辩论和批判性思维的培养大相径庭。

自由主义者通常呼吁教育资源的平均分配，例如均衡学校支出以扩大准入范围。依据自由主义观点，如果有更多获取教育资源的渠道，则会有更公平的竞争环境为个人争取社会机会。正如斯坦利·阿罗诺维茨（Stanley Aronowitz）所说的，即使是杜威的进步主义传统也接受了学校教育的理念，接受阶级不平等是一种社会必然性，而不是把学校教育看作是在财富、收入和行业控制上实现真正的经济平等的一种手段。换句话说，自由主义者认为学校教育并不是终结经济不平等的一揽子项目。相反，他们认为阶级不平等是既定的，并且它赋予个人争取机会的动力。

自由主义的观点描绘了个人在相对公平的竞争环境中向上流动的情景，尽管在当前的经济、政治和文化结构中，社会存在着极度而持续的不平等。美国的阶级地位在很大程度上通过代际转移，甚过其他所有工业化国家。在美国，由于大量资金用于受媒体驱动的竞选活动，因此经济地位的不平等造成政治权力具有排外性。这就确保政治候选人要维护大型捐赠者和营利性媒体公司的观点、设想和利益。

自由主义者尤其喜欢批评联邦政府教育资金匮乏的情况，例如批判罗纳德·里根（Ronald Reagan）总统在任期内几乎没有为实现教育资金的真正平等付出努力。再如，平衡资金的相关努力遵循的是其他工业化国家的例子，并将教育支出联邦化和平等化。相反，自由主义者认为当前的教育经费来自当地的房地产税，并因此受到阶级地位的制约，这种做法不公平但不可改变。在现有的系统中，大约70%的资金来自地方税，20%来自州政府，而联邦政府的资助则不到10%。其结果是维持了阶级和种族隔离制度，在这个制度中，有些人（主要是白人职业阶层）可以迁往郊区或城市富裕地区资金充足的学校，而在以白人工人阶级为主的农村地区，教育经费水平较低。

在20世纪60年代和70年代，自由派通过支持校车接送和种族平等激励计划寻求教育的平等。20世纪80年代，解决公立学校种族隔离问题的政治意志和愿望基本崩溃。20世纪90年代，许多自由主义者开始转向或默认基于市场的补救办法和以市场为导向的财政保守派倡导的教育问题框架，其中包括愿意接受特许学校教育和公私合营。尽管自由主义者一直对用考试成绩衡量教育质量这一做法持怀疑态度，但到20世纪90年代，许多自由主义者开始接受保守派对教育问题的描述，将考试成绩作为衡量教育质量的合理措施。

例如，自由主义者现在普遍认为，不同种族和人种通过各种考试成绩来衡量，形成了"成绩落差"。"成绩落差"意味着测试成为衡量知识的标准，并且应该被认定为普遍价值，但其实际上是特定阶级和文化团体特有的（主要是白人和白领阶层）。在这里，教育界的自由主义者也赞同关于教育价值的矛盾观点：一方面，他们重视人类学、批判性思维和对话的价值；另一方面，他们同时接受如下教育价值理念，学习可以被考试所评价和测量，背诵或者备考取代了交流和思考。自由主义者接受这种框架并将其差别化地应用，他们在富有的白人学校中坚持保留自由主义的价值观，抵制标准化和教学测试，而对于穷人、工薪阶层和非白人学校及社区却实施严格的、以执法为导向的教育方法。

特许经营者（如KIPP）和营利性管理公司（如爱迪生学习公司）在城市地区运作学校的方式上体现了上述两种教育价值观的显著差异。特许学校采用控制严格和规范的教法，尽管考试成绩与区域最差水平相当或更差，它们还是取得了某种成功。特许学校重视教学方法的探索，但亨利·吉鲁（Henry Giroux）认为这些方法禁锢了学生的思想。

工薪阶层和贫困家庭，特别是在贫苦和工人阶级中占多数的非洲裔美国人和拉丁裔美国人，历来被公立学校系统所忽略，在资金不平等、种族和民族隔离及压制教法方面更是如此。与此同时，郊区白领阶级的白人从鲜为人知的不公安排中获益，这种安排截获了公共税收资金，围绕自由价值观维系了世界一流的社区设施。许多少数族裔和穷人对公共系统感到厌恶，这完全可以理解。面对当前的特许教育和学券制的私有化趋势，他们认为捍卫传统的社区公立教育的自由主义论断是不可接受的。历史上不平等的安排不可原谅。批判主义者认为，要为公立学校辩护，其基础必须是以真正平等的方式来重建这个体系，包括资金平等、种族融合和以在校外实现平等和正义为目的的批判性教育实践。

妥协的自由主义观点未能认识到社会秩序中的政治、经济和文化对立。例如，自由主义者很少承认某些行业的所有者和工人在资本主义经济中存在矛盾的经济利益关系。企业主需要削减薪酬、福利和利润税，以实现利润最大化并与其他对手竞争。工人们渴望并需要更高的工资、福利和其他支持（教育、儿童保育、医疗保健等），这些支出只能以牺牲所有者的利益为代价。对于公立学校系统应该为他们做些什么，这些不同的群体有着截然不同的利益观和想法。有关"对立"的共识的自由主义价值观，其核心之处不考虑教育政治斗争中什么才是攸关的。

从商业角度出发的人最关心的是培训未来的员工。他们希望学生在适当的水平上接受教育（公费），成为温顺的、有纪律的工作人员，不会反抗、罢工、向业主提出要求，并且只站在业主的角度了解世界。通过妥协的教育观，学生们能够从与自己利益相反的群体（如企业主）的角度看待政治问题。大多数自由主义者接受为了个人和国家经济竞争而设置的教育框架，而很少有自由主义者有办法解决不可调和的经济利益和与这些利益相一致的教育观。全球廉价劳动力的竞争也是如此。奥巴马总统2008年竞选活动的教育顾问琳达·达令-哈蒙德（Linda Darling-Hammond）是最受尊敬的自由主义教育政治学者之一，她对教育与经济关系的困惑尤为突出。她认为，美国的教育资源分配应该更加平等，以便使它可以与其他国家竞争稀缺的工作。她甚至表示，美国应该这样做，以免它"最终像罗马一样衰落"。自由主义者扩大教育准入的愿景不得不面对现实的限制。美国学生准备好与全球各地血汗工厂中被高度剥削的廉价劳动力竞争了吗？美国学生是否应该接受这样一个假设：成为为确保廉价消费品的供应而在全球建立军事基地的帝国是合适的或是符合道德标准的？在"知识经济"中，广告驱动而产生的欲望与有意义的共同价值观或各国和地球所面临的环境管理危机是否相关？现行教育制度培养学生从事集体劳动，为拥有和管理组织的个人带来利益。当然，一个更平等的工作安排是可以想象的，教育可以培养学生去达成此种目标。

自由主义观也反对当代美国政治现实中的各种棘手问题。依据自由主义的观点，教育旨在培养具有民权意识的学生。这反过来能够确保他们参与政治选举。但是我们当前的体制不允许平等参与；普通公民担任政府高层要职的可能性很小，它们仅限于拥有巨额财富的人。他们可以购买政治广告并收买竞选公关策略家。除了政治被企业操纵之外，"反恐战争"的阴影导致在新千年的头十年里，民众的自由权利遭到大幅剥夺，包括隐私、集会和抗议的言论权，有限的人身保护令、针对特定美国公民的暗杀许可。为获得政治准入和公民参与而提供的自由主义的教育许诺无法解决规模巨大且人数不断攀升的政治民主排外问题，也没有办法解决过去几年政治舞台的巨大变化。这些变化如此极端，以致许多学者、公知和记者，从克里斯·赫德斯（Chris Hedges）

到谢尔登·沃林（Sheldon Wolin），再到亨利·吉鲁，都把美国描述为一个在极权主义边缘的企业化国家，越来越受到私人的压制和掌控。自由主义的教育方式假定存在或多或少公平的竞争环境，但不承认存在下列情况：不同阶级和文化群体为控制政治制度和公立教育而斗争，而这些竞争阶级的政治经济和文化力量差别很大。

  从文化意义上讲，自由主义者认为教育的价值不仅仅是塑造工人和消费者，还为学生参与社会生活做好准备。他们还将学校教育视为一种将个体发展为开明人类的手段，以继承自由思想和创造性传统的文化财富，并从包括科学和艺术在内的各种传统中学习创造性、思想和理性的知识方法。出于这个原因，许多自由派反对经济保守派（也称为新自由主义者）的做法，他们将学校教育压缩成职业培训，实施狭义的回归基础的课程，并教导学生应对考试的方法，即企业化学校模式的所有倾向。但是，自由主义观点的局限性在于其对文化持漠视和中立态度。自由主义者可能重视多元文化主义，但他们往往视文化差异为文化典籍的附加物，有些观点处于边缘，但因为具有包容性的政治价值或基于市场上对服务人口变化的假设而变得重要。自由主义忽视了文化与阶级斗争交织在一起的过程，以及象征性价值观如何被物质斗争包围。尽管自由主义观点强调批判性思维是一种解决问题的技巧，却忽视了文化政治教育，也就是何种知识在何种程度上代表了特定阶级和文化群体的利益和意识形态观点，以及知识和教育在何种程度上能获得文化支配权和宣扬人类价值的权力。

（二）教育政策的保守主义观

教育保守派大致分为两派：财政保守派和文化保守派。经济保守派（比如众所周知的新自由主义者、市场原教旨主义者和学校企业化改革者）倾向于通过经济学视角来证明主导教育的合理性。这是当今的主流观点，不仅为许多共和党人所接受，也被民主党的保守分支吸纳。此观点在民主党内盛行的原因是克林顿的上台执政和保守的民主党领导委员会的主导地位。经济保守派认为学校教育主要是为了塑造工人和消费者。经济保守派将公立学校理解为私人服务，并将父母视为购买学校服务的消费者。同样，经济保守派将教师视为向学生提供商品的私人服务者。以此角度来看，管理者可被看作业务经理。

经济保守观点与广泛的新自由主义经济观点及意识形态相符，强调私有化和政府对私人市场的放松管制。大多数经济保守派认为公立学校是一个麻烦，因为它具有公立性。他们认为教育是一项私人消费服务，可以像商人改善企业运作一样来对教育的成本投入与质量进行改进，也就是在极力压榨劳动力产出的同时采取削减成本并提高效率的措施。

尽管公立学校旨在育人而非营利，并且主要服务于公有而不是私有法人，但保守派认为知识是可以衡量的，教育进步好比是现金或商品。因此，他们强调标准化和标准化测试在衡量进步时的核心地位。他们将学校想象成工厂，其目的是简化生产以提高效率。毫无疑问，经济保守派大力削弱或摧毁教师联盟，认为联盟有碍提高知识传播效率和降低成本，尽管有证据表明这会导致教师经验不足和教师更替率升高。

事实上，过去15年来推行的学校企业化改革，包括私有化、特许教育、教育券、承包、转包和城市投资组合试点，即使以其保守派支持者的标准来衡量（提高考试成绩和降低成本），也并未证明它们比传统的公立学校更好。自由主义者和批判家认为这些改革非常失败。对于自由主义者来说，改革已经使教育政策的核心内容沦为骗局，并且已经将课程范围缩小到可测试的范围，以牺牲文理学科和全民参与的全面课程为代价。对批判主义者来说，改革已经使教条脱离了市场，代价是牺牲了批判性课程，而这些课程涉及与权力、政治、历史和道德相关的知识问题。然而，对公立学校教育进行最严厉批判的就是政治左派，他们通过不平等资助、种族隔离和反批判倾向意在复制和加剧社会的不公现象。因而批评家们在保护公立学校以应对经济保守主义和教育私有化方面处境艰难。

如果经济保守主义者把金钱作为衡量教育的标准（以及其他一切），那么文化保守主义者就会把保守的道德价值观作为其衡量标准。教育的目的是按照传统的价值观指导年轻人适应社会生活，包括适当地服从权威。有时，这些规范有的基于诸如"十诫"之类的宗教文本，有的源自道德伦理，比如品格教育。这些都能在经典文献中找到依据。文化保守教育强调死记硬背、服从权威，以及文化和知识的等级观念。

赫施（E. D. Hirsch）是一位在教育领域颇有威望的文化保守主义者。基于每个学生都应该知道的传统西方经典，他耗费毕生心力推广了知识"共核"理论。另一位著名的文化保守主义者是教育部原部长威廉·班尼特（William Bennett），他写了很多关于传统美德的书。班尼特多年来一直是保守派名流，但他的名人光环在数起丑闻后逐渐暗淡，其中包括赌博恶习的曝光和有关即便黑人频繁堕胎会降低犯罪率也不应采取堕胎手段的反堕胎言论。班尼特备受争议的不端行为不仅表明了他的伪善，还引发了人们对文化保守主义局限性的质疑，他们在教育政策上强调个人品德教育和个人服从道德规范。

文化保守主义者倾向于强调课程和学法应在尊重权威和主流传统，尊重政府，或者至少尊重政府权威部门。这一教条主义的观点强调经典的价值，而不去探索个人作品是如何成为经典的。它没有探究传统文本和传统是如何巩固权力阶层的观点和利益的，也没有探究以何种方式解释相同的文本以支持非主流群体的观点和利益。文化保守主义者倾向于毫无保留地支持资本主义信仰，但面对利益问题时则会遵从道德或宗教价值观。

在当前的企业改革环境下，文化保守主义者和经济保守主义者尽管有着不同的侧重点，但二者有着天然的密切联系。经济保守主义者强调学校教育是可衡量和量化的，他们发现文化保守主义提供了可测量和可量化的内容和知识标准。靠管理学校盈利的大公司（根据注册学生数量）体现了文化保守主义和经济保守主义存在利益交叉。这家名为 K12 的公司经营着虚拟特许学校和在线家庭教育。前面提到的威廉·班尼特和赫施拥有 K12 公司的部分股权，并推动文化保守派的共核课程。这些教育管理机构通过收取公共税收（每个学生都有一笔固定数额）来获利，然后减少教师、员工、材料和日常管理费用的支出，这样获取的差额就可以使所有者获利。

虽然经济保守派或新自由主义派都幻想通过重新将公共学校教育界定为私人服务来将其消除，但文化和宗教保守派经常将公立教育作为一种制度进行攻击，将其视为政府暴政的体现。像瑞克·桑托勒姆（Rick Santorum）这样的保守派政治家最近试图通过将公立学校描述为政府学校来"赢得选票"，认为公立教育的经费相当于极权主义国家对私人生活的干预。依照这种观点，教育属于私人家庭和私人宗教信仰的领域。这两种保守的反公众观点，虽然被许多工人阶级所接受，却使那些拥有巨额财富和文化权力的人受益。

（三）教育政策的批判主义观点

教育的批判观在某些方面不同于自由主义和保守主义的观点。自由派和保守派认为文化是传递给新一代的一系列文本和知识，但批判教育学强调通过意义构建实践的文化是一种不平等的意义交换。依据批判教育学的观点，意义构建实践都需要审视它们所巩固的权力类型，它们培养的社会关系类型，以及它们肯定或争论的物质和象征利益。从批判教育学的视角来看，文化本质上是政治性的，并且充满张力，因为文化保守派的文化更接近教条。

针对美德的批判观点也是不同的。不管环境是否相同，文化保守主义者强调个人行为准则，但批判教育法强调社会背景在人们做出道德选择时的重要性。这个观点表明，选择从来都不是凭空产生的。把道德品质高尚、最具善心的人放在一个道德沦丧或令人绝望的制度或环境中，他或她将不可避免地做出有亏德行的选择，而在稍微有利于他或她的环境中，他或她根本不会这样做。不容忽视的一点是，文化塑造了社会性格，社会性格又反过来锻造了个体性格，并且使个体行为变得有意义。批判教育学强调的是教导个人成为主体与他人合作，以及为所有人创造更加公正和道德的社会环境。

批判主义长期以来对公立教育的作用持有复杂的观点。一方面，教育看起来复制了现有不平等体系，包括阶级等级和文化象征意义，这些不平等给予一些群体和个人特权，而对其他群体则不利；另一方面，教育也是挑战历史不平等的斗争的组成部分。学校可以是民主公共领域，可以培养批判意识、民主倾向和民众的参与习惯。它们可以在主体地位塑造、身份构建和社会关系方面发挥至关重要的作用，可以使那些激进的民主主体致力于经济民主化、加强国家的公共职能、挑战压迫体制和惯例、参与民主文化等事项。同样，从批判的角度来看，知识在权力关系、政治问题、历史和伦理方面也受到质疑。在涉及广泛的社会、文化、政治斗争，以及武力和现实的经验方面，经验需要问题化和理论化。

批判的视角强调理论的重要性。自由主义、文化保守主义和经济保守主义的教育观认为学生和教师没有必要用理论工具来解释他们校内和校外的经验。批判主义者将解释性的理论工具视为教师和学生解释个人和社会现实的起点，它是社区和集体社会干预的基础。对于批判主义者来说，理论总是会支持实践。长期以来，教育领域一直反感理论。教育改革家、政策专家和许多教师都受到误导，认为理论对教学和学校改革并不重要，因为真正重要的是教育实践。自由主义者和保守主义者都坚信实践主义，他们认为真正重要的是找出正确的实践方法，或在改进学校过程中发现和实施切实可行的改革策略等。教育领导者认为需要制定"最佳实践"，他们的语言充斥着实践主义的思想，实践主义主宰了一些学校的文化，他们谈论的良好教育来自于"战壕"经验，而不是通过教育研究、教师教育计划或教育理论。问题不在于理论是否重要，而在于个人是否有能力去理解实践背后的价值观、假设、思想和意识形态。理论对于实践的解释和反思是必不可少的。从批判的角度来看，对主体经验和客观因素的批判性研究为被压迫社会力量和社会结构的转变提供了能动性和行动的基础。人们需要明白实践的必要性并将其理论化，因为理论是形成众所周知的新型实践行为的基础。这种实践是大批批判教育思想家总结出来的结晶，包括保罗·弗莱雷（Paulo Freire）、安东尼奥·葛兰西（Antonio Gramsci）及亨利·吉鲁等人。批判教育也挑战了教育和社会公正能在某个民族国家实现的假说。与此相反的是，批判教育认为经济生产和剥削在本质上是全球化的，政治和民众关系能够以全球视角来定义。随着全球媒体的宣传和后殖民及帝国主义情势的影响，文化也要以全球化视角来思考。

　　从批判的角度来看，对教育政治的否定具有政治性。当自由主义者坚持认为我们应该就知识、课程、教法达成共识时，或者当保守派坚称我们可以推崇最优秀、最聪明的知识并减少教学方法时，否认教育政治意味着我们的服务对象是从共识中受益的群体和高知群体，以及将教育过程视作消费信条而不是答疑解惑的人们。否认教育政治也就否定了教育和社会都是动态变化而不是静态的事实。问题是制度、社会安排和意义如何改变，谁将改变它们，以及为什么。对教育政治的否定将这些问题拒之门外，而这些问题对于任何追求公正、平等、自由的社会和教育变革的愿望都是至关重要的。

二、章节预览

下面每一章都涉及教育政治学的不同方面，以深化和扩展上文所讨论的关于教育及其目的的争议性观点，并将这些讨论与当代的政治和实践问题联系起来。

第一章通过参考保罗·弗莱雷、斯图尔特·霍尔（Stuart Hall）、亨利·吉鲁、安东尼奥·葛兰西、雷蒙德·威廉斯（Raymond Williams）、皮埃尔·布尔迪厄（Pierre Bourdieu）等人的著作，解释了文化政治的概念，并解释了否认文化政治的危险性。本章讨论的知识是典型的而非有争议的。它通过当前的课程标准化、标准化考试和"课程大战"已终结的自由派宣言来解释这些思想。

第二章首先解释"政治经济学"的含义，然后从公共利益和价值、课程的文化政治及阶级等级的复制等方面检验教育所有权和控制权的重要性。公立学校和私立学校对学校和课程的控制有什么不同？学校的所有权和控制权与整个社会的经济形式和经济关系如何产生联系？可以把学校教育想象成实现更加平等的经济布局的基础吗？它可以使经济关系民主化并摧毁社会等级制度吗？

本章主要以埃里希·弗洛姆（Erich Fromm）、保罗·弗莱雷、米歇尔·福柯（Michel Foucault）、斯拉沃热·齐泽克（Slavoj Zizek）和女权主义教育学者的精神分析为主要内容。

第三章认为自我心理学和后结构主义心理学可以替代教育心理学和人类发展的主流心理学。本章使用批判心理学方法来对教育心理学的非政治化问题进行探讨，并在政策和实践方面突出人文主义和后结构主义批评视角的优势和局限性。讨论将性格教育与弗洛姆称之为社会性格的教学法进行区分，并对否定批判意识教学法形成可能性的心理学理论提出了挑战。

第四章阐述安东尼奥·葛兰西的霸权理论和路易·阿尔都塞（Louis Althusser）及皮埃尔·布尔迪厄的阶级复制理论，并且论述了过去20年中这些理论的转变，特别是福柯权力观的影响力和向身份政治和文化多元主义的教育文化转向。本章讨论了复制理论应以多种视角重新诠释，而不应陷入结构和主体的理论陷阱。

第五章解释米歇尔·福柯关于惩戒权和规范化的概念，并运用这些概念分析了标准化考试的当代趋势、学生案例研究、学校纪律塑造的不同种族主体、"成绩落差"和种族隔离的学校企业化改革的理念。

第六章讨论涉及人口繁殖管理及生命和死亡管理的生命政治（或监管权力）的不同版本。它着眼于学校内外可支配人口的培养、教育全过程的文化掌控、终生学习，以及企业在控制教育时对生命和生命政治权的侵入。

第七章解释作为意识形态和经济教条的新自由主义是一种阶级战争和市场主权的形式，它在过去30年一直针对教育政策和实践进行改革。本章详细介绍了新自由主义作为一种激进的政治形式是如何迅速颠覆自由派和文化保守派的教育观点，并对形成批判教育形式的可能性构成威胁的。

第八章通过对妇女的实质性和象征性的战争，讨论了近期教育改革政策中的性别问题。本章借鉴了朱迪斯·巴特勒（Judith Butler）的展演性形成理论，并探讨了女性主义教育学和批判教育学在教育和社会中解决性别不平等问题的不同途径。

第九章讨论全球范围内教育政治学的发展方向。本章关注的是如何在国际上实施新自由主义的学校改革方案，以及这种观点是如何被跨国组织、非政府组织及慈善企业所推崇。本章揭示了国家教育政治的局限性，即它们与任何公正教育理论皆不相容。

第十章介绍近期关于公立教育的"公共性"的文献，并借鉴霍拉斯·曼（Horace Mann）最初的公立学校运动观点。此理论是公立学校系统建立的基础，也借鉴了公共领域人文学科的文献。这些文献提出拓展和团结教师、学生及管理者的共同劳动，提供了一种思考教育政治的新思路。许多研究自主运动的学者认为先进资本主义的核心是创造知识和主体性行为。这一章考虑了不同形式的公立和私立教育对学校教育的影响及其所产生或附加的公共性。本章提出重新发起传统的公立学校运动，以便在全社会创造集体形式的生活和工作的条件。

三、本书组织结构

本书各章的开篇均以摘要形式描述该章内容。虽然本书各章的确建立在前文基础之上，但各章各自独立，可以按照任意顺序教授。本书末尾有术语表，每章末尾还包含拓展阅读列表，供读者进一步调查和深入研究。除了为大学研究或本科课程提供可能的教学文本外，这些拓展阅读还可作为各章的阅读辅助文献。另外，每章结尾都有一些值得反思和可能引起讨论的问题。

四、拓展阅读

Kenneth J. Saltman. *The Failure of Corporate School Reform*. Boulder, CO: Paradigm, 2012.

五、讨论题

1.保守主义关于公立教育的观点有哪些关键的假设？它们是如何成为政策的？

2.自由主义公立教育观背后的一些关键假设是什么？它们是如何成为政策而出现的？

3.批判主义关于公立教育的主要观点是什么？它们对政策和实践有何启示？

第一章　教育中的文化政治

　　通过参考保罗·弗莱雷、斯图尔特·霍尔、皮埃尔·布尔迪厄和亨利·吉鲁等人对文化政治概念的解释,本章将自由主义和保守主义对文化政治教育的观点同批判观点进行对比,并且从知识究竟是规范的还是有争议的这一角度解释了否定文化政治的利害关系。本章通过当前的课程标准化趋势,标准化测试以及对课程战争的斗争来解释这些观点。

　　引言区分了教育政策的保守主义、自由主义和批判主义,对批判主义的社会变革目标与自由主义和保守主义的社会妥协目标进行了大致的划分。教育的文化政治可以通过类似的模型来理解。承袭马修·阿诺德（Matthew Arnold）的传统,无论是自由主义还是保守主义都认为,文化是人类奋斗史中"最优秀、最闪耀的"部分——思想和艺术的结晶。这种妥协主义观认为教育的中心任务是将这种称为文化的东西传递给年轻人。

　　这些问题在20世纪80年代和90年代的所谓文化战争中开始冒头,主要集中在教育领域。在这一时期,艾伦·布鲁姆

（Allan Bloom）和赫施这样的保守派人士反对他们所认为的教育自由化趋势。虽然自由主义者和保守主义者都认为文化是一套可以传播的正典，但自由主义者已经开始主张扩大正典范围，将历史上边缘化的文化群体如妇女、非洲裔美国人和拉美裔美国人的作品囊括其中。保守派人士则极力反对这一趋势。他们坚决固守以"伟大著作"为基础的课程，这些"伟大著作"渗透着欧洲中心的传统。赫施的《文化素养》一书同样捍卫了对历史事件的传统解释，而人们最近开始从多元文化的角度对其重新审视。

批判主义者还采取了第三种方法。他们不仅像自由主义者一样拥护多元文化主义，而且试图宣扬一种观点，即文化具有固有的政治性和高度的争议性并且与阶级利益和权力斗争交织在一起；唐纳多·马塞多（Donaldo Macedo）的《权力文化——美国人不该知道的事》是阐释这一观点的有力证据之一，同时也对赫施的《文化素养》予以反击。虽然他们像保守派一样都认为文化具有政治争议性，但它不是简单的复制，而是试图质疑西方传统。对于许多文化保守派来说，保存文化价值，或者更确切地说，"保持文化纯粹"和避免文化"堕落"是当务之急。这一观点认为过去的文化传统必须得到尊重和捍卫。对于批判主义者来说，过去的文化传统并不比现在的文化习俗神圣多少，每个人都会遭受他们所代表的利益和立场一方的质疑。例如，尽管批评家认为柏拉图的《理想国》等经典著作价值巨大，但他们也认为需要对其所倡导的权威主义、社会关系、社会和个人价值观与当代公共问题的关系给予解释。

许多批判家主张认真对待所有形式的文化产品，探究文化产品如何对教学和政治产生作用。因此，不仅要认真对待哲学经典著作，而且要重视唤起人们欲望、激发人们兴趣的嘻哈音乐，因其说出了当今许多人的梦想。重点不在于讨论这些文化作品是否平等，也不在于按照文化的重要性划分等级，将其分为"高等"和"低等"。批判的观点将问题转移到关注文化产品作为产生意义的实践和过程的产物，以及它有什么作用。文化的政治问题是：文化产品的作用是什么？有关文化的诗意问题探寻的是文化作品的意义。当我们探寻文化产品有何作用时，我们探寻的是它们的含义如何肯定或者如何质疑已经存在的一系列意义（或话语），文化产品在特定的背景下怎样才能具有斯图尔特·霍尔所称的处于变化中的优先意义，以及这些优先意义如何动员人们在物质世界中行事。

今天又出现了一波反对批评主义倾向的浪潮。琳达·达令-哈蒙德等教育领域的自由主义专家认为，现在是自由主义者和所有人"解决课程大战"的时候了。就连维护公立学校教育，反对教育私有化的戴安·拉维奇（Diane Ravitch）也宣称课程大战的必要性。拉维奇保留了文化保守主义的价值观，将私有化看作是对"强大课程"的威胁，这些课程可以通过共同的核心标准来制定。其他自由主义者如乔纳森·科兹尔（Jonathan Kozol）、迈克·罗斯（Mike Rose）、理查德·罗思斯坦（Richard Rothstein）和理查德·卡伦伯格（Richard Kahlenberg）都反对私有化和过度测试。

但所有自由主义和保守主义思想家提倡同样的东西：更好的实践，更严格的标准，根本上承袭过去的教育实践，唯一不同的是将其完善得更好。他们提出了"加强"公立教育（避免私有化、停止过度强调测试）的论点，然而忽略了批评者所认可的公立教育至关重要的一方面——文化政治。

一、文化政治：斯图尔特·霍尔的建构主义文化理论

文化政治是教育批判观的核心。这一概念出现在文化研究领域。该领域的主要人物之一是斯图尔特·霍尔，他认为文化是通过对话所产生的某种共同意义，尽管这种交流是不平等的。霍尔认为，要想让一个符号、一个表示，或一种做法有意义，前提是必须存在共同的理解。然而,意义是会变化的。霍尔质疑文化意义的这一观点，他并不认为文本、符号或超越时空的物体本身就具有意义。标志、符号和表示不会开口说话，它们需要解释，而只有在特定背景下的解释才有意义。文化政治是相互矛盾的各方为制造意义而进行的斗争，并且制造意义是不可避免的人类行为。

我们可以通过一些著名的象征看到意义是如何与特定语境产生关联的。万字符在当代美国文化中通常被视为纳粹的象征，它使人想起纳粹党在第二次世界大战中的暴行、大屠杀的恐怖及世界各地新纳粹主义的持续威胁。然而20世纪20年代以前，纳粹分子还未把它作为自己的象征。万字符其实与美国印第安人、印度教和佛教有关，不存在任何种族主义和压迫的含义。事实上，

如果人们前往信仰印度教或佛教的国家,他们依旧可以发现万字符是一个与这些宗教有关的古老象征。斯图尔特·霍尔以英国国旗米字旗为例,指出米字旗自始至终都和白人紧密相连,并成为"英国特色"的象征。而在现在的国际比赛中,黑人运动员也挥舞着它,其意义被改写了。它不仅表明了英国特色,而且还表明了种族、全球竞争和卓越之间的关系,以及其他与此国旗有关的普遍含义。

斯图尔特·霍尔认为文化意义并不是一成不变的、普通的和永恒的。他还反对将文化意义理解为作者的意图。不能仅仅因为某个作者出版了一部作品或某个导演制作了一部电影,就将这本书或电影赋予确定的含义。相反,群体性的解释可以很好地定义文化产品。霍尔称其为最佳解读,它们很可能出现在特定的时间和地点,与一直以来固定的含义大相径庭。标志、符号、图像和代表的核心有一种不确定性。意义的不确定性给予人们更大的空间来做出不同的解释,并使意义处于变化之中。事实上霍尔认为,我们一直都在参与制定意义的实践,并将其称为"表意实践"。这些表意实践不仅包括语言,还包括我们所做的一切有意义的事情或群体中的"表意"之事。

二、文化政治与负责的教师

教师是文化工作者,霍尔的文化观对其具有重要的意义。文化工作者是从事公共意义创造活动的人,而教师是为年轻人创造意义的重要公众人物。教师难免要做出教学选择。当教师选择课程、规划课程和教学时，教师需要对他们在课堂上制造的意义负责。我们可以从三个方面解读"责任"。

首先，教师需要回应现存的广义公共话语。也就是说，他们正在进入一个环境，这个环境中已存在有关于民族、性别、种族、休闲、科学和自然等一系列事物的思想、价值观和意识形态。教师通过言论、写作和行动肯定或质疑现有的广义大众话语。

其次，教师会在学校和课堂上有意无意地表露自己的道德观念和政治倾向，而他们需要为自己的言论负责。教师的意义创造既具有校本意义也具有广泛的社会影响，这就是教育理论家保罗·弗莱雷强调实践的原因——不断反思并将个人经历和行为理论化。正如亨利·吉鲁解释的那样，问题不在于教师的实践是否以理论为基础；确切地说教师要理解理论基础和假设在何种程度上支撑实践。

最后，教师的第三种责任使教师对学生和社会环境做出回应。教师和学生处于同一社会环境中，教与学是对话式的，并受到意义交换的驱动。教师有责任认真对待学生在教学中遇到的主观体验和历史。他们还负责根据社会背景和社会力量来帮助学生解释这些经历。通过对话和师生之间的意义交流，两者的主观经验可以在更广泛的客观条件下产生。而且，通过对话，人们认为主观经验和特定背景可以成为塑造和改变客观社会状况与未来经验的手段。

这三种教师责任都与文化政治意识有关。完全不同于以传授知识为导向的教师责任观，这一观点认为教师只需负责传授专家崇尚的最有价值的知识即可。而学科理念所倡导的教师责任是他们只需要传授正确的知识。

三、文化政治与阶级：皮埃尔·布尔迪厄与资本形式

如果文化政治是相互竞争的政党之间制造意义的过程，那么这些竞争文化意义的政党是谁？社会学家皮埃尔·布尔迪厄认为，在文化意义竞争中，经济阶级是一个重要范畴。他对阶级特权代代相传的三种方式提出了重要的见解。

第一种传递阶级特权的方式是金钱，即"资本"这个词的传统意义。父母通过多种方式将财产传给子女。父母出资让孩子接受私立的精英学校教育、参加文化活动、进行投资，或者直接给孩子金钱。所有这些都构成了可遗传特权的一种形式。

阶级特权的第二种传递方式是通过社会资本。社会资本是个人能够加入的、为他们带来社会利益的社会网络。例如，那些富有的职业阶层的家长分享社交网络，处在网络之外的人无法享受这样的优势。他们交流如何进入名牌学校，交流利用公共资源的秘诀。他们的校友地位可能会为孩子进入大学提供助力。大学毕业生自己也进入了校友会的社交网络，这个网络可以转化为实际资本，例如令人垂涎的工作和获取资本的人脉。在所有情况下，结识拥有特权的人就会转化为自己和孩子的特权。社会资本实际上就是人脉。

特权传递的第三种方式是通过文化资本。文化资本指的是社会所重视的和能够带来回报的知识、品位和习性，以及用于占有

它们的工具。布尔迪厄区分了文化资本的客体化、具身化和制度化形式。客体化形式的文化资本是物质对象，如艺术品或书籍。具身化的文化资本形式不是物化的而是精神的：拥有从社会所得的品味和观念。文化资本的制度化形式是指权威机构的认可，比如大学学位和各种证书等。拥有以上形式的文化资本，人们就会获得源源不断的特权。

布尔迪厄认为文化资本始于家庭，而学校带来的是奖赏或惩罚。比如，父母是职业阶层的小孩会定期在家听父母读书。孩子逐渐熟悉语言，懂得亲近阅读和书籍，也感知到书籍是父母珍视的东西。当孩子进入学校，他们已经对书籍怀有一种特殊的情感，会重视书籍，并将书籍与家庭的关爱联系起来。入学之初，孩子喜爱书籍的"第二天性"会在学校为其带来回报。出身工人阶级家庭和贫困家庭的孩子对书籍充满陌生感，在一个崇尚读书的体制里，他们毫无疑问处于劣势。对书籍的陌生会使他们遭遇社会的分层和筛选。老师们仅仅通过观察就能看出一些学生对书本表现出兴趣，而另一些则没有。这种对书籍的不同倾向会使人们错误地认为原因在于学生智力或勤奋程度的差异，事实上这只是文化资本分布不均衡所致。同样，职业阶层家庭培养出的孩子能够轻松应对考试。对于职业阶层出身的孩子来说，测试的是他们已经知道的东西，并由此发掘其第二天性，而同样的测试对于工人阶级家庭和贫穷家庭的学生来说，测试的是他们不知道的东西，或者他们才开始意识到他们不知道。

也许，工人阶级或文化弱势阶层的孩子已经有意无意了解到书与一种文化权力有关，而这种文化权力将孩童排除在外。贬低自己的文化、知识、语言、品味和倾向的行为，被布尔迪厄称为"象征性暴力"。象征性暴力不仅是施加在个体身上的外在力量，而且学生已经将其内化为"游戏规则"。所以，工人阶级出身的孩子进入以专业知识、品位和习性为主导的学校，过不了多久他们就会认为自己是低等的、懒惰的、愚钝的，即便受到惩罚也是自己罪有应得。因此这名学生也会变成文化压迫的同谋。文化压迫具有实质性的影响：学校通过考试等分类和筛选方式安排学生做不同的工作和事情。

对于理解文化、语言、知识和课程是如何遵循经济阶层等级及其维护方式来制定和评估，布尔迪厄的见解是非常有价值的。但是，文化不应该仅仅被理解为支配和经济决定论。个人构成的团体、教师和学生都在调解、解释、抵抗主导意义。事实上，批判性的教育传统很大程度上在研究学生如何抵抗文化压迫，保罗·威利斯（Paul Willis）、亨利·吉鲁、迪克·赫伯迪格（Dick Hebdige）、纳丁·多莉（Nadine Dolby）等人都发表过相关的著作。

例如，威利斯在《学习劳动》一书中表明，学校里的亚文化群体可以抵抗学校的阶级压迫，利用这种抵抗，当学生在工作中面对阶级压迫的时候会形成共谋。亨利·吉鲁的著作《教育理论与教育抵制》区分了学生的反对行为（仅仅是拒绝服从权威）和反抗权威的行为。反对行为旨在挑战和应对教育机构中的压迫力量。吉鲁探究教师如何辨别学生的反抗行为，并通过学生的行为了解他们的经历，是什么造成了超越自我的经历，什么样的社会和制度力量在其中促使这些行为产生,成为学生社会政治能动性的基础,这种能动性促使学生和其他人一起,改变制造压迫的社会力量。吉鲁的这本书从理论上阐明了参与文化政治的教师不仅仅是学校压迫的主体,还可以成为有望产生更多具有解放性意义、理解和行为的主体。

四、对当代教育政策的影响

事实上,学校里不同的个人和团体都在为文化明争暗斗,教育机构更看重文化对未来世界的影响——教师和学生致力于创造。批判教育观与自由主义及保守主义观点的基本区别在于,批评家们认为未来人类的价值观、人类工作、人类休闲、追求什么样的科学及终止什么样的科学都应该以教学的意义制造实践为基础。同样,批评家们认为知识和课程与广阔的外部世界有着密不可分的联系。

过去的20年,实证主义意识形态主导了教育改革。实证主义有时被称为激进的经验主义或客观主义,是一种意识形态,它认为只有能够衡量的知识和真理才具有价值。真理就是一系列的事实。这个观点错误地认为,知识和真理无处不在,它脱离了作为真理主张基础的特定主体的利益和意识形态。通过标准化测试来衡量教育质量和教育发展的热潮很好地说明了当代实证主义。标准化测试包含推定特定假设、价值和兴趣的问题。然而,学生永远不会与开发测试的人员对话,也不会去询问制造帐篷的人的阶级、文化背景、价值观和假设。测试中的信息和问题被错误地表述为中立的、客观的和非政治性的。关键问题被隐藏了,例如:"为什么考的是这个问题而不是另一个问题?这种观点代表了谁的知识和利益?""谁的观点和利益被排除在测试之外,为什么呢?""对特定真理的选择是如何与物质利益或其他更广泛的社会斗争和力量产生关联的?"此外,实证主义意识形态否定教学本应包含的道德层面。

当前扩大共同核心课程的动力恰恰是实证主义的表现,与知识文化政治学的概念完全相悖。共同核心思想表明知识缺乏同质性——高度差异性,会威胁到学校教育的质量。我们可以更严密地控制教育的传递,如果每个人都能接受同样的测试,我们就能提高教育质量。共同核心项目与标准化测试热潮的基本假设是相同的,即知识应该是可衡量的、可传递的,而且有一个人人都应该知道的唯一准则。

不幸的是,为了将学生培养成劳动力后备军,共同核心课程的设计者已经彻底减少了文学和小说课程,转而青睐所谓的知识型文本,例如保温手册。共同核心是对学校教育的威胁,而学校教育则可以培养想象力、解释和判断力,这是民众能够创造性地解决公共问题必需的技能。此外,共同核心使学校教育成为极其简单的工人培训的辅助手段。

相反,以亨利·吉鲁的作品为特点的传统批判教育学,其中心目标是强调知识、课程和教育学的观点,其中文化政治是教与学的核心。文化政治学的价值表明,对话、辩论、异议和好奇的习惯是学校教育的生命线,因为它们也是民主的生命线。这样的教学观是一种固有的政治努力,教师应该公开他们所信奉的价值观和意识形态。批判主义认为,文化的斗争始终和教学法中个体主体性的形成有关。

文化教育学是吉鲁的思想之一,它有助于描述文化产品和文化制度如何教育人们,因此有必要质疑他们的教学效果及与他们的生产、传播和解读有关的意义和利益。文化教育学描述了关于文化的斗争,一场关于社会的形成及社会制度、公共价值和公共话语的斗争。个人和团体从这些话语中得出一整套概念。简而言之,教师创造意义和形成文化的方式具有很高的社会利害性。与此同时,创造意义的文化活动是动态的,处于运动变化之中,它不会制约个人和集体的创造力与想象力。文化受历史传承和决定模式的制约,但在某种程度上也具有根本的不确定性,可以推翻重建。因此,如果认为文化、知识、语言和课程仅仅受到经济、职业或历史等力量的影响,将是一个可怕的错误。

五、拓展阅读

1. E. D. Hirsch. *Cultural Literacy: What Every American Needs to Know*. New York: Houghton Mifflin, 1987.

这是关于文化共同核心观的关键文本,可奉为经典传播。

2. Donaldo Macedo. *Literacies of Power: What Americans Are Not Allowed to Know*. New York: Westview Press, 1994.

马塞多重新定义了文化素养,该项目旨在提出许多能够激发权力文化的关键概念。对马塞多来说,与他的工作伙伴弗莱雷一样，他认为素养与阅历世界是分不开的。

3. Henry Giroux. *Border Crossings: Cultural Workers and the Politics of Education*, 2nd ed. New York: Routledge, 2005.

9·11袭击事件发生后，吉鲁更新了批判教育学对文化的参与，包括批判性多元文化主义，公立教育学以及安全和军国主义文化。

4. Stuart Hall. *Representation: Cultural Representations and Signifying Practices*, "Introduction," "Chapter One" and "Chapter Four." Thousand Oaks CA: Sage, 1997.

霍尔将他的建构主义表征理论与主导流行思想的反思意向理论区分开来。霍尔汇集了结构主义者和后结构主义者的思想，强调文化是如何充满活力的，并且认为文化是基于意义的交换，尽管意义的交换总是不平等的。吉鲁等人从霍尔的文化理论中汲取思想，提出扩展教师作为意义制造者或文化工作者的作用，教师的教学行为中往往蕴含政治行为。

5. Michael Apple. *Ideology and Curriculum*. New York: Routledge, 1979.

阿普尔（Apple）利用安东尼奥·葛兰西，威廉·雷蒙德，皮埃尔·布尔迪厄和斯图亚特·霍尔早期理论来解释政治斗争对课程的影响，并将教育与更广泛的社会斗争联系起来。

6. Pierre Bourdieu. "The Forms of Capital." In *Handbook for Theory and Research for the Sociology of Education*, ed. J. Richardson, trans. Richard Nice, 46-58. New York: Greenwood, 1986.

布尔迪厄解释了资本、社会资本和文化资本如何实现阶级等级的复制,并且这些资本形式是如何可交换的。

7. Pierre Bourdieu and Jean-Claude Passeron. *Reproduction in Education, Society and Culture.* Thousand Oaks, CA: Sage, 1990（orig. French edition 1970）.

布尔迪厄和帕斯隆解释了教育如何参与课堂结构的复制。他们的叙述突出了文化象征性经济的方式,与其他版本的复制不同,后者将文化视为物质生产关系的反映。

8. Paulo Freire. *Pedagogy of the Oppressed.* New York: Continuum, 1970.

弗莱雷是批判教育学的创始人之一。他借鉴黑格尔、马克思、萨特、弗洛姆、卡布拉尔和法农的思想,提出了人文主义解放的教学法。弗莱雷解释了去人类化是如何产生压迫的,人性化教育学的目的是将压迫经验转化为批判性分析的对象,以便与他人合作改变现实并消除压迫力。弗莱雷旨在帮助学生不被视为客体,而是成为历史主体,能够对其产生影响并塑造它。这是批判教育学最重要的作品之一。

9. Henry Giroux. *Theory and Resistance in Education.* Westport, CT: Bergin & Garvey, 1983.

吉鲁开展社会再生产理论、法兰克福批判理论学派和教育批判社会学方面的研究,以重新定义学生和教师机构的可能性。本文强调了阿尔都塞、布尔迪厄、鲍尔斯（Bowles）和金蒂斯（Gintis）的复制理论的局限性,认为批判意识和社会行为发展的批判教育学不应该否认调解、主体性和文化为一种创造性的而不仅仅是结构性的力量。这是批判教育学最重要的基础著作之一。

10. Theodor Adorno. *Introduction to Sociology.* Stanford, CA: Stanford University Press, 2000.

该系列讲座对批判性社会学和实证主义意识形态的批评提供了清晰而有说服力的解释，这种解释在课程标准化和扩展标准化测试方面已起到推动作用。

11. Lilia Bartholome. "Beyond the Methods Fetish: Toward a Humanizing Pedagogy." *Harvard Education Review* 64 (Summer 1994): 190.

巴塞洛缪（Bartholome）对当下教育倾向提出了有价值的批评，提出课程和教学应该关注更广泛的社会、政治和道德关切，而不仅仅是教学方法。

六、讨论题

1.文化传播的保守观和自由观在认同文化政治方面有何不同？

2.为什么教师会因为将文化理解为从斗争中来，而非从传播中来而受益？

3.标准化和标准化测试等实证主义教育政策如何否定文化政治？这种否定的社会影响是什么？

4.教育中强烈的文化政治意识如何有助于建设更广泛的民主社会？

第二章　教育中的政治经济学

本章首先解释什么是"政治经济学",并从大众利益及价值、课程文化政治和等级制度的复制这几方面探讨学校教育的所有权及控制权的重要性。公立学校及其课程和私立学校及其课程有何不同?学校的所有权和控制权与整个社会的经济形态和经济关系有何联系?学校教育能否被看作是建立一个更为公正的平等主义经济布局的基础,从而使经济关系民主化,使社会等级制度逐渐削弱?

在过去的20年里,美国公立教育的意义和目的发生了翻天覆地的变化。各个政治派别形成了一个共识,即公立教育的目的从根本上讲是出于经济目的。公立学校在大众媒体和各种政策中被不断提及,负责为全球经济竞争做好准备,并让学生为参与国内经济竞争做好准备。随着2008年经济危机的爆发,从美国总统到联邦储备银行主席,再到纽约时报的专栏作家托马斯·弗里德曼(Thomas Friedman)都一致认为,要想解决失业危机,不仅需要创造就业机会,也要改革公立学校教育。这种改革更多地要求把公立学校当作私有产业来对待——把竞争力和选择性、私有化及自由化纳入学校教育。

事实上，公立学校教育自20世纪80年代初就不断被"宣判"失败。这些"宣判"曾用来证明扩大以市场为基础的学校管理方法才具有合理性，也将公立学校重新定义为私营企业，把教育领导者定义为创意执行总监，把学生定义为顾客。这些政策包含一个文化项目，即把公立学校构建成私立学校，将社会描绘成一个由个人消费者和工人构成的集合体。但这些政策也包含一个经济目的，即为资本主义经济培养特定类型的工人，为投资者创造公共领域的财富。关于公立学校的经济斗争是本章的重点。

一、学校教育中的政治经济学和社会再生产

政治经济学是早于现代经济学出现的一种学说。现代经济学的关注点限于微观经济活动和宏观经济活动，在很大程度上将经济与政治及文化分离，而政治经济学为经济学提供了一个更广泛的理论架构，涉及经济与自然、文化和政治关系的问题。政治经济学要求我们思考经济与社会生活整体的关系，而不是局限于与经济相关的问题，如供应、需求、金钱和价格。教育与经济的关系从狭义经济架构来看，倾向于把学生作为未来的工人和消费者，关注为工业生产提供劳动力，并通过上进心的承诺来呈现个体经济的可能性。在这种观点下，接受更多的学校教育可更好地参与和融入现有的经济安排。

20世纪70年代和80年代，学者们从批判的角度对教育和经

济的关系提出了许多关键问题。以美国为背景，社会和文化再生产理论家塞缪尔·鲍尔斯（Samuel Bowles）和赫伯特·金蒂斯（Herbert Gintis）在《资本主义美国的学校教育》一书中挑战了传统观念，即把学校教育看作是一个促进平等的手段。他们发现，学校教育打着努力就有回报的幌子，却在很大程度上加深并巩固了种族化的阶级秩序。他们经实证研究证明，学生未来的财富和收入是由他们的阶级地位和家庭财富及收入决定的，而不是由他们的才智或受教育多少决定的。

鲍尔斯和金蒂斯试图解释学校是如何为资本主义集中创造工人的。特别是，他们描述了学校如何教给学生不仅有利于企业主，而且还有利于未来老板统治的等级社会关系的工作技能和知识。他们将此过程称为"对应原理"，其中包括5个关键部分：

1. 社会中的经济不平等主要是市场和整体经济的作用，而不是教育体制的作用；

2. 学校教育让学生把不平等看作是自然的和理所应当的，并接受对企业主有益的各种形式的社会等级；

3. 经济的再生产在很大程度上是通过教育学生形成与工作场所的等级关系相对应的等级关系来实现的；

4. 教育是矛盾的、复杂的，因为学校产出的不只是顺从守纪的工人，也有离经叛道者；

5. 学校教育形式与特定历史时期的经济相一致，与为资本积累而努力的民众斗争相一致。

对于再生产理论家来说，资本主义经济只有在个人学会如何注定作为工人或老板工作时才能继续运转。学校孕育社会等级制度，虽然表面上来看是以美德和才能而非家庭财富和收入去评价学生。也就是说，学校不只传授技能和专业知识，而且是在以等级为基础的意识形态包裹下传授这些知识的。

以路易·阿尔都塞和皮埃尔·布尔迪厄为代表的欧洲再生产理论家，都曾主张学校教育在很大程度上是服务于资本主义社会关系再生产的。布尔迪厄主要关注学校如何增加特权阶级的文化资本，同时惩罚那些没有文化资本的学生。阿尔都塞解释了学校是如何作为重要的国家意识形态机器运转的。作为意识形态的国家机器，学校是学生形成意识形态主体或接受质问的场所。也就是说，他们被召集到已经由国家安排好的位置上去，只有如此他们才能成为国家的臣民。尽管历史上的臣民都是通过教会的召唤而形成的，但学校已经取代教会，成为臣民与国家联系起来的主要场所。通过学校的仪式和实践，意识形态往往是成功的：学生逐渐认识到自己是当权者的"好臣民"。对于阿尔都塞来说，特定类型臣民的培养最终要回归到资本主义经济和社会组织的再生产。

再生产理论家强调，资本主义经济中获利的主要方式是剥削工人：付给他们少于其所费的时间和劳动力价值的报酬。只有工人学会取代他们的位置并在生产过程中发挥作用，经济才能不断地重新创造。再生产理论家强调，资本主义经济的等级安排不一定是最有效的生产形式，但是在维持对生产过程的等级控制方面是最有效率的。为了使一小部分人保留对产业的控制权和所有权，必须教导和学习一种高度反民主的与他人交流的形式。

工薪阶层和专业阶层学校复制不同的劳动力阶层，并把这种不平等的分类和筛选看作是一种优点或天赋。工人阶级社区的学校受到惩罚性的、严格的、纪律的改革，旨在使学生服从等级控制。照本宣科的教训，填鸭式的教育，严格的课堂坐姿要求学生双脚着地，手要放在桌子上，眼睛要看老师，着校服，严格的发言规范，统一的课程——这些虽然不一定是针对工人阶级和贫困学生的良好学校改革，但目的是培养温顺、纪律严明的"臣民"。这些"臣民"将服从教师的权威，然后服从老板的权威，以及不断恶化的低技能工作条件和在放松管制的全球化经济中的低薪工作。

再生产理论家强调，我们不应该仅仅从财富和收入（"占领运动"已经普及的"富人和穷人"或"1%/99%"理念）来理解阶级，而是应该从社会生产过程的所有权和控制权问题来看，包括意识形态的过程。人们与拥有和控制产业的关系是什么？我们可以通过他们与所有权和生产过程控制的不同关系来认识至少4个广义的经济阶层：

1. 统治阶级群体掌控生产过程；

2. 专业阶层的人管理统治阶级的生产过程。知识工作者，包括教师、记者、广告商和具有高级专业技术知识的人都属于此类；

3. 工人阶级从事的大部分工作是让这些行业运转起来，但不控制或管理这些行业；

4. "弃民"是指那些在生产过程中被边缘化的人。

根据其他社会类别，如种族、性别、民族、国籍、年龄、能力等，人们在上述阶级类别中的分布可能有所不同。例如，某个账外付酬的家政服务移民工既是3类工人也是4类工人，这说明在生产过程中，有些工人的工资和就业条件因被定为"一次性的"而保持在低水平。

尽管人们倾向于把大多数美国人看作中产阶级，但事实上，在主要的工业化国家中，美国的阶级制度的阶级向上流动性是最低的。各个阶级与其他阶级在利益上是根本对立的。例如，统治阶级有必要扩大其企业的盈利能力，以便与其他企业竞争。为了不断扩大利润，企业主降低了劳动成本、福利和保障。这些利益与那些对工资、福利和工作保障要求较高的工人的利益背道而驰。工人的最终利益就是分享生产过程的所有权和控制权，结束统治阶级对生产过程的垄断。

学校在调解这些阶级冲突中发挥着重要作用，包括教育所有学生理解他们的利益，而不是对抗统治阶级的利益。学校进一步加深统治阶级的意识形态，将根本不平等的社会秩序归化为公平正义，最重要的是将其归化为个人价值和才能问题，而不是一个不平等地分配人生机会的制度。他们还将阶级等级置于文化范畴，将所谓的文化缺失定位为教育不平等，进而是经济不平等的根源，混淆掩盖了对种族化阶级的制度性维护。

正如贝尔特尔·奥尔曼（Bertell Ollmann）强调的那样，保持这种意识形态的一种方式是高度重视标准化测试。这样的测试向学生灌输了一些隐含的价值观，这些价值观旨在进一步促进企业所有者的利益。通过实施标准化制度来强调学生的纪律性和顺从性，揭示了奥尔曼所说的测试的真正目的：服从权威、认同真相掌握在当权者手中，并为加快参加工作做好准备。在美国经济持续恶化的背景下，这种纪律变得至关重要，因为在过去的几十年里，在新自由主义的经济支配下，工厂以及工会和稳定的工作，已转移到海外（见第七章）。

奥尔曼也正确地指出，企业已经在公立教育中发现了丰厚的利润来源。随着私营部门获取利润越来越难，企业和投资者希望通过利润丰厚的学校管理合同和大量的教育产品和服务，抢占公共部门的部分份额。投资者获得的利润耗尽了原本用于教育服务的公共资源。21世纪的标准化测试推动与测试开发者和教科书出版商、课程制作者及包括技术公司在内的承包公司的经济利益交织在一起。通过标准化测试和课程标准化来实现知识的标准化，使得经济保守派或新自由主义者将知识作为一种工业商品来对待，并使用私营部门的方法进行交付。正如迈克尔·阿普尔（Michael Apple）所解释的那样，这种标准化使文化保守的共核方法变得对经济保守派尤其有吸引力。

二、福特主义和后福特主义下的学校教育

在20世纪的工业福特主义经济时代，公立学校的经济作用不仅包括培养工人及塑造其意识形态，还要创造"劳动后备军"。作为资本和统治阶级的经济战略，在工业化国家的学校教育中，大众消纳了企业的培训成本，同时如潮般涌向劳动力市场，以降

低企业所有者的劳动成本。

福特主义经济的特征包括工业化、第二次世界大战后工会化工厂工作的繁荣，资本和劳动之间的契约，以时间密集型的社会控制形式为特征的社会安排，如心理治疗、改造监禁、社会工作，以及不断扩大的中产阶级的安全网。学校复制了二元双层的劳动力，代表对未来工人的知识和技能的长期投资。相比之下，20世纪70年代初的后福特主义经济，以低工资、低技能、去工会化的服务工作、压制实际工资、增加消费者债务、个性化的经济责任意识和削减安全网的方式，取代了工会化的产业工作。随着工业生产向廉价劳动力国家转移，向后工业服务经济的转移及新自由主义思想的扩张，资本家认为公立学校在为产业所有者贡献财富方面发挥了新的作用。短期利润可以通过将学生视为商品来实现，因为公立学校实行承包制和私有化。城市和农村地区的工薪阶层和贫困学校是营利性学校管理和特殊教育服务补救计划、考试承包和数据库跟踪合同的目标对象。特许学校和"扭转"运动在关闭工会化的公立学校和开办以承包为目的的去工会化学校方面发挥着核心作用。营利性管理公司无法涉足富裕郊区资金充足的公立学校，这类学校的经费是城区学校的三倍。为什么一个在每个学生身上花25000美元的富裕学区要接受一个营利性管理公司的模式？毕竟后者在每个学生身上的花费大约只是7000美元？但同样的7000美元的支出在每个学生花费为7800美元的城市地区是合理的。在教育问题上，城市学区长期以来一直存在着工人阶级和贫困人口受到不公平对待的问题。因此，通常居民会赞同甚至支持私有化建议，接受公共体系已失败的逻辑。当然，公共体系在获得巨大资金支持和政治承诺的地方运作得非常好。

20世纪90年代以来，以市场为导向的学校改革尝试已成为主流方式，以特许学校、学券和奖学金税收抵免等形式进行私有化管理。大型私立教育管理机构日益融入大型企业，而特许学校运动则继续扩大营利性公司在公立学校中的作用。

为什么由谁拥有和控制公立学校如此重要？原因有几个。公立学校之所以"公开"，部分原因在于：它们是由许多人拥有和控制的，而不是由一个或少数几个人拥有和控制的。将公有制转变为私有制和私人控制会影响财政、课程和教学法、学校文化和管理、保密性、透明度和责任制，甚至是身份认同。当公立学校由私人管理的时候，公共监督和治理就会转移到私人部门，财务问责可以被保密，而课程和科目往往很大程度上受到私营企业的意识形态和制度利益的制约。随着教育行业越来越多地与营利性保障公司、测试和教科书出版及数据库跟踪等行业趋同，公共利益、社区价值和解放价值就会受制于对经济利益的追求。

也许最重要的是，这对学校的可怕影响是它使学校变成只关切学校运营者的私人利益，而非为社会、国家和世界的公共利益着想的地方。换言之，学校是学生自我发展的地方。一个完全私有的社会与一个拥有公共价值观和人民价值观的社会是非常不同的。

三、经济视角的局限性：人类主体性与阻力

20世纪70年代末80年代初，亨利·吉鲁和斯坦利·阿罗诺

维茨（Stanley Aronowitz）等批评学者强调了社会和文化再生产的理论局限性，其中包括这些理论太强调支配性，以致师生主体性似乎最弱。吉鲁和阿罗诺维茨也强调再生产理论在马克思主义经济学悠久历史中的重要地位，而马克思主义经济学假设阶级和经济是自由与正义问题的基础和最关注的问题。同时马克思主义经济学通过生产的隐喻来界定人类，它还包含在一种传统中，其中包括父权制、对技术的掌握和对大自然的利用。正如吉鲁和阿罗诺维茨所言，文化在形成社会中占主导地位。物质、资源和金钱只能通过文化、语言和价值观变得有意义或具有可解性。例如，贪婪和攫取商品的自我理解，或者与此相反，集体主义和鼓励给予的自我理解，不是自然而然就有的立场，而是只有在文化背景下才有意义的后天形成的价值观。尽管有其局限性，社会和文化再生产理论在解释美国盛行的当前教育改革建议方面仍然特别有用，它仍然是理解服务于教育资本主义经济这一不断重申的主张的理论工具。

如前所述，工薪阶层的学生摆脱不了教育对他们的控制和压迫，他们要么是被教育成低薪、低技能的、处于经济底层的那些温顺而守纪律的工人，要么是面临一个社会和经济边缘化的未来。这条路径的体现之一就是从学校到监狱。对于专业阶级的学生来说，教师的教育是截然不同的：鼓励学生进行对话和发言，因为学生应被培养为具有在私有部门和政府中实施控制能力的思想主体。这些不同类型的学校教授的不仅仅是不同的技能和知识。正如亨利·吉鲁所指出的，它们也灌输不同的主体意识——

他们在自己所处的世界开展行动的能力。吉鲁强调，民主社会不仅需要受过教育的公民，而且需要具有解释能力和主体意识的批判性公民，以挑战个人和集体的不公正，并（按照民主传统）集体掌控生活条件。

四、拓展阅读

1. Samuel Bowles and Herbert Gintis. *Schooling in Capitalist America*. Chicago: Haymarket Books, 2011（orig. 1976）.

就美国来看，这是阐述学校如何复制阶级等级的基础文献。尽管在批判性文献中被大量引用，但这本书还是绝版了几十年。

2. Pierre Bourdieu. "The Forms of Capital." In *Handbook for Theory and Research for the Sociology of Education*, ed. J. Richardson, trans. Richard Nice, 46-58. New York: Greenwood, 1986.

布尔迪厄解释了资本、社会资本和文化资本如何使阶级等级制度的再生产成为可能，以及这些资本形式是可交换的。

3. Louis Althusser. "Ideology and Ideological State Apparatuses（Notes towards an Investigation）." In *Mapping Ideology*, ed. Slavoj Zizek, 100-140. New York: Verso, 1994（orig.1970）.

阿尔都塞的ISA（国家意识形态工具）文章阐述了资本主义经济的再生产如何需要意识形态主体的形成，这是在意识形态国家机构，如学校、媒体和其他知识制造机构中完成的。阿尔都塞解释了ISAs是如何使被统治成为默认之事的，而专制的国家机构（RSAs）又是如何通过强制手段来执行国家的统治及资本的利益。阿尔都塞强调，意识形态是通过对臣民进行干预或颂扬而起作用的，是仪式和实践依托的东西，但它也是想象的，代表着臣民与经济生产关系的想象关系。吉鲁的《理论和抵抗》一书对阿尔都塞立场的见解和局限进行了有价值的探讨。

4. Kenneth Saltman. *The Failure of Corporate School Reform*. Boulder, CO: Paradigm, 2012.

索尔特曼推翻了当代关于公立学校已经失败的观点。他认为，私有化、去监管化的新自由主义结构调整，以及企业文化在学校教育中的应用，不仅没有提高考试分数和降低成本，而且也没有达到公立学校的公共目的。此书指出再生产理论被选择地利用，它解释了创建一个新的双层教育系统的方式，这种系统将公立学校及其学生商品化及私有化。这些学校和学生历来被剥夺了投资，并且对于学校以外资本的再生产来说是多余的。索尔特曼呼吁发起一场新的共同学校运动，以设想公立学校为控制财产和工作建立共同劳动与学习。

5. Michael Apple. *Educating the Right Way*. New York: Routledge, 2001.

阿普尔探讨了各种右翼运动路径：新教育中的自由主义、新保守主义、宗教权利和专制民粹主义。

6. Henry A. Giroux. *Theory and Resistance in Education*. Westport, CT: Bergin & Garvey, 1983.

吉鲁对再生产理论的理论局限性进行了有价值的批判，并再次强调批判教育文化的重要性。

7. Stanley Aronowitz and Henry Giroux. *Education Still Under Siege.* Westport, CT: Bergin& Garvey, 1989.

8. Paul Willis. *Learning to Labor: How Working Class Kids Get Working Class Jobs.* New York: Columbia University Press, 1977.

威利斯对英国青年的民族志研究在学生反对和反抗的理论化方面有很大的影响。

9. Nadine Dolby and Greg Demitriadis. *Learning to Labor in New Time.* New York: Routledge, 2004.

多尔比和德米特里亚迪斯重新审视了威利斯的主要关注点。

10. Bertell Ollman. "Why So Many Exams? A Marxist Response." *Z Magazine*, October 2002. http: //www.nyu.edu/ projects/ollman/docs/why_exams.php.

奥尔曼的短文很有先见之明,解释了私有化和标准化考试的扩张与新自由主义全球化的关系。

11. Richard Wolff. *Capitalism Hits the Fan.* Film. http: //www. capitalismhitsthefan. com/.

沃尔夫的电影将2008年的金融危机置于美国150年经济发展的大背景下,为我们提供了一个简洁而精彩的解释。这部电影展示了20世纪70年代对工资的限制是如何导致大规模债务扩张以维持消费者支出的。其结果是企业和银行获得了巨额利润,却催生了大规模的泡沫经济。沃尔夫认为,根本的解决办法是结束工人与经理的分离状态，选择民主经济。

五、讨论题

1. 关于教育与经济关系的主要假设是什么？
2. 再生产理论和教育与经济关系的主导解释有什么不同？
3. 为什么由谁拥有和控制教育很重要？
4. 按照本章所述而非从富人或穷人，或1%与99%的对比来理解经济阶级的含义是什么？
5. 如果民主事关自由与平等，那么这些民主价值观是如何与不同的教育和经济观念相联系的？
6. 再生产理论的局限性是什么？
7. 既然再生产有局限性，为什么它仍然很重要？

第三章　教育政治心理学

本章主要借鉴艾瑞克·弗洛姆（Erich Fromm）、保罗·弗莱雷、米歇尔·福柯、斯拉沃热·齐泽克及一些女权教育学者对精神分析学的论述，将自我心理学与后结构主义心理学视为主导教育心理学与人类发展心理学的替代进路。本章运用批判心理学方法，将教育心理学的非政治化性进行问题化，并强调在政策与实践的有关论述中，人文主义和后结构主义批评视角的优点与局限性。本章区分了性格教育与弗洛姆的社会性格教育理论，同时还挑战了那些否定通过教育可能形成批判意识的心理学理论。

一、教育批判心理学

教育心理学和人类发展的主要问题表明，教与学需要一种中立且普遍适用的心理科学。根据这个观点，如果我们了解大脑是如何发育的，或者各个年龄段应有的行为表现，我们就能确定教学内容、教学方式及教学时间。批判心理学与主流心理学的观点相反，它强调个体心理是社会与历史的产物，受权力关系的影响且具有政治斗争色彩。从批判的角度看，自我根本上不能被理解为由生物性决定的、先于社会发展的或自然的实体。恰恰相反，自我离不开社会、文化、语言及历史，并非必然由生物性决定的，它也是权力斗争的历史产物，受到阶级、种族、族群、性别及性别群体利益之争和地位之争的影响。批判心理学并不否认生物学与自然，只是承认一个人的生物属性与自然属性只有从文化角度看才变得有意义。尽管有许多心理学批判理论，但在这里我主要关注保罗·弗莱雷提出的教育心理学，这是关于批判教育学的奠基性理论。还有艾瑞克·弗洛姆的精神分析批判理论，弗莱雷在其著作中借鉴了该理论的观点。然后我将着重探讨女性主义教育学者的批判心理学。

批判心理学理论认为，人的身份始终在形成中，这种身份的形成与发展不能脱离社会力量和社会斗争来理解，而且自我不应该被理解为仅仅是自然生物学的产物。总而言之，自我是社会斗争与政治斗争的主体。同时，批判心理学理论强调自我发展自主性与主体性的重要性，即人影响和塑造我们生活的物质世界的能力。在这种观点下，自我不仅是社会斗争和政治斗争的客体，而且还是可以用不同能力来改造世界的主体。个人与世界是一体的，二者相辅相成、共同发展，无所谓先后，也不能说谁是谁的结果。对于批判教育学的支持者来说，比如保罗·弗莱雷和亨利·吉鲁，一个关键的问题是，那些教学科目是如何在教学法中产生的。批判教育家主张教育的力量，加深人们对批判性的理解，引导社会干预人类行为，使人类从被统治和被压迫中解放出来，最终结束民主社会关系。批判教育学传统上否认自我是社会环境产物的决定论观点，并且否认自我是个体塑造其世界和生活可能性的唯意志论观点。事实上，我们都已被误导，认为自己和他人均是不能干预社会现实的被动对象。举例来说，有很多常见的方法，如电视中的权威专家或观赏性体育运动都会在不知不觉中把观众吸引。政治成为精英的游戏，我们只能在一边发表评论。我们还被误导将自己视为"超级主体"，仅仅要对自己的生命状态负责。学校里的测试及诸如动作电影、漫画书或者广告等流行文化形式教会我们应该接受这样的现实：我们能力不足，缺乏物质财富，不能掌控自己的生活，这一切都源于我们自身没能达到那不可能达到的"超人"标准，而不是源于由少数政治和经济阶层精英所控制的制度。

从批判教育学的角度看，自我的教育形成与更广泛的政治斗争和道德责任密不可分。自我发展不仅在学校教育等正规教学环境中产生，而且还贯穿于文化之中。个人有意义的活动都有教学层面的意义。因此，批判性教育实践中的心理干预不仅涉及个人经验的治疗性调查，例如对内心生活负担的宣泄。个人经验是通过社会理论分析来解释并理论化的，这些理论分析阐明了主观经验如何通过社会力量产生。

内在经验的理论化是实现经验重构的基础，而这种重构往往紧密结合与经验息息相关的社会公共问题。保罗·弗莱雷因教会巴西农民通过"阅读世界"来实现阅读文字而知名。但这项活动是从农民们的亲身经历开始。农民们过去受到误导，往往通过一些占主导地位的意识形态修辞，如上帝的意志和宿命论等来理解自己的需求。弗莱雷将资本主义结构力量及其具体表现形式（包括土地占有者的剥削）作为问题提出来。批判教育学的课题是关于人性的：要让人努力成为能动的主体而不是受他人剥削的对象。弗莱雷借鉴弗洛姆的批判精神分析学，解释了那些泯灭人性、剥削他人又试图使其客观化的压迫者与受压迫者之间存在的施虐与受虐的关系。压迫者使受压迫者丧失主动能力，意图将受压迫者变成可以受其随意摆布的没有生命的物品。弗莱雷所强调的"知识库教育"就是一种与其相应的教学性实践，它将受压迫者视为空的容器，等待被商品化和金钱化的知识将其填满。

压迫者的自由被视为是压迫他人而不受他人压迫的自由。对于弗莱雷而言，受压迫者在教育革命中的任务不能仅是将二者的关系对调，使其成为新的压迫者，而是承担着解放自己和解放压迫者的双重负担。批判教育学的一个心理挑战就是如何应对受压迫者观念中的依附性。受压迫者从小就认为要想获得自由，就要成为压迫者。因此，批判教育学必须挑战受压迫者与压迫者的认知。对于任何批判教育学，一个关键任务就是以平等和民主关系为基础建立新的识别形式，并反对将个人客体化和工具化。

对弗莱雷来说，批判教育学的目标是为了完善人格。也就是说，目标是使人成为历史的主体，而不是客体——要在世界上有所作为而不是简单地被动生活。换言之，弗莱雷想象中的社会是一个由政治授权的社会行为者组成的社会，而不是一个由被动生活者组成的社会。人生在世必须有所作为。弗莱雷坚持认为，不管人们是否意识到这些立场，或者是否只是屈服于对世界的绝望，一个人的政治立场都是不可避免的。弗莱雷的观点在压迫者和受压迫者的主体类别之间划定了鲜明的界限。

尽管弗莱雷把人们归结为压迫者或受压迫者这两类，在美国教弗莱雷理论的时候，我却发现大多数学生认为自己既是使人丧失人性、剥削他人的压迫者，又是被迫失去人性、被剥削的受压迫者。这些学生以各种方式逐渐沦为麻木物化的工人，成为企业所有者获利的工具；还有将学生视为被动学习机器的教师，以及遭到性别歧视的女性。在美国，与准教师一起教弗莱雷理论的时候也强调，大众媒体的宣传对学生主体性和经历形成有重要影响。

亨利·吉鲁可能比任何人都更擅长将弗莱雷的思想用到对媒介表征的研究中。这种媒介表征功能在教学和政治上让个人明白自己的主体地位、身份识别点、价值观和思想体系。正如吉鲁解释的那样，这就是为什么需要培养学生批判和解读媒体和其他宣传形式的能力，以更好理解和揭示其所倡导的把社会力量转化为媒介表征的集体行动的基础，也是让学生自己成为文化创造者的基础。

二、环境及学生经历的具体性

当代教育改革大多倾向于将知识与课程标准化。例如，共核课程标准和标准化考试的扩展，导致对学生个人经历的不重视，成为官方标准知识再创造的潜在障碍。批判性教育——特别是在弗莱雷、杜威和吉鲁的作品中——强调教育应该是有意义的，以凸显其重要性及社会变革性。这意味着个人经历与局部环境应从产生这种经历及环境的广义经济、政治、文化力量来分析。这种对经历和环境的分析成为学生思想转变的基础，使学生自己正在经历被压迫、被客体化和去人格化，而他们就可以学会通过集体行动来挑战和重塑产生这些经历的社会力量。教育中的经验常常被视为真相的最终裁决者。有些在职教师贬低教育理论和学术成果，这种现象很常见。教师"在其位"，因此他们相信经验。事实上，这种经验需要从广泛的社会力量，以特定方式理论化和问题化，以更好揭示经验背后的文化价值和理念。

三、差异构成社会与自我

心理学的批判社会理论及批判观点都有这样一种假设，即自我和社会是由差异、变化和竞争构成的。这一假设跨越了弗洛伊德和马克思主义传统，并在批判理论、激进民主和后结构主义等众多理论中得到了发展。社会批判理论假设社会是由在许多竞争团体之间的社会对抗形式中所存在的差异构成（此处借鉴葛兰西的霸权主义思想，我会在第四章继续讨论此思想）。例如，掌握生产方式的统治阶级与工人阶级有不同的利益与意识形态。为了在行业中竞争，所有者需要通过减少工人的薪酬和福利来削减成本从而实现利润最大化。为了提高物质生活水平，工人需要增加薪酬和福利。这些群体有不同的物质利益诉求。然而，主流的自由主义和新自由主义话语教育向人们打造了一个假象：如果每个人都努力工作并遵守规则，那么每个人都可以共享成果并从中受益。

关于对阶级对抗性的否定，这在教育中通过包容、准入及精英统治的官方论述表现得尤为明显。学生们都被这样教导：每个人都可以学习那些所谓的具有普遍价值的知识。如果不了解这些知识，那么无论是教育排斥、社会排斥还是经济排斥都会被视为个人的过失。在这个例子中，我们可以看到自我是如何通过社会对抗形成的。很少有人没有经过诸如学校、家庭、大众媒体、宗教和法律体系等教育方式就能形成自己的理想、价值观和意识形态。大多数儿童通过义务教育来学习主流价值观，并将其视为是自然的、正常的而又不可避免的过程。这些价值观包括稀缺资源的竞争常态、严格的时间观念、可量化的进展、对权威的服从，以及要符合政府、老板和资本主义经济的根本利益或合法性，还有通过消费力对自我的衡量。

这些主导价值观往往是相互矛盾的，而且这些教育形式中的价值观往往也是互相矛盾的。例如，幼儿教育和宗教教育都强调分享、给予和为他人着想，反对强调竞争和只管好自己的学习（"管好自己就行了！"）。个人将这些相互矛盾的价值观内化。教育宣传一般要求学生给予老师"善意"，而符合主流社会价值观的服从意识则已深深内化。虽然主流意识形态通过各种形式及个人的教育工作成功地植入人的观念中，但这些意识形态和主体自身的认同有些冲突、难以保证。亚文化对抗思潮的兴起，为形成有组织的抵制和反霸权文化形式奠定基础。在这些模式下，人们共同发起解放运动和计划。

作为社会与自我的组成部分，对抗还涉及文化。事实上，文化在很大程度上可能决定物质现实。正如第四章所论，不同的语言文化和民族群体都在争夺文化的主导权。

四、压抑

19世纪末，压抑逻辑在社会科学和人文科学中的地位逐渐突出。"压抑感"通常在某人因经历或创伤过于痛苦、难以忍受，或这种痛苦经历及创伤在某人的既有认知框架之外时产生。个人能够压抑这种情感，忘记它，抹去它（但是根据精神分析学，人们只能部分地将其压抑、忘记和抹去）。弗里德里希·尼采在《偶像的黄昏》一书中描述了西方历史是如何压抑差异与黑暗，如何鼓励积极乐观与光明的。尼采认为否定消极性是一种病态的表现，使得文化被压抑的现实所困扰。弗洛伊德和马克思主义传统观点都强调不同类型的压抑感的中心地位，以及被压抑者回归的不同途径。弗洛伊德发现或者说是至少传播了心理无意识论。按照弗洛伊德的传统观点，压抑感是引导或阻止暴力及性倾向的必要条件，如果不这样做就会威胁到社会秩序。在弗洛伊德看来，压抑感的产生是文明进步的代价。

一些人，特别是马克思主义哲学家赫伯特·马尔库塞（Herbert Marcuse），在20世纪60年代重新阐释了弗洛伊德的压抑理论。马尔库塞认为，在发达的工业资本主义社会经济条件下，个人和社会都受到了过度的压抑。马尔库塞强调性解放（性和感官）的愿望，他认为这种解放可以潜移默化地使一个正在激进变革的社会变得稳定，并能发展出一种极端平等主义的政治形态，打击当代社会的不自由现象，如警察欺压百姓与工人受压榨做苦工。

最近，齐泽克对马尔库塞的观点提出了质疑，他认为在20世纪60年代和70年代之间，伴随着解放欲望的思潮，消费主义也在激进扩张。齐泽克表示，对解放欲望的关注可能正是当代消费资本主义所需要的，但并不一定符合解放主体的意愿。齐泽克借鉴法国心理分析学家雅克·拉康（Jaeques Lacan）的观点来阐述意识形态的自我形成理论。对于齐泽克来说，文化压制了真实性，从而产生了完全虚假的意象和叙事手法，使得真实性在可能产生的时刻被隐藏。真实性指的是只在意识形态崩溃时仅仅短暂出现的现实的创伤性核心。

对于齐泽克而言，在日常生活中，个人都在主动否认"真相"。举个例子：我的一位师范生告诉我，她在家里的电视上循环播放着科幻/恐怖电影《异形》，包括她在预习批判教育学和教育政治经济学时也在播放着。听说她对这部电影很着迷，对此我很惊讶。那是我最喜欢的电影之一，主要讲的是一群太空旅行者遇到并意外释放了外星人杀手，他们住在人类宿主体内，成熟后穿破人的胸口而出。这部电影虽然是一部科幻片，但仍具有社会批判维度。影片中的公司为让外星生物变成流着酸液般口水的杀人机器而不惜牺牲员工。然而，在我的另一门课中，这个学生却在放映约翰·皮格尔（John Pilger）的纪录片《民主之战》的时候走出门去。当时正演到一名美国修女坐在椅子上平静地讲述她在危地马拉监狱遭到以美国为首的准军事人员的严刑拷打和性侵的经历。皮格尔的电影详细地描述了美国以国家安全利益为由在拉丁美洲和世界各地对平民实施荒谬暴力行为，其目的实际上是进一步扩大投资者和大公司的经济与战略利益。在这个例子中，齐泽克对拉康真理的使用是有借鉴意义的，因为它突出了皮格尔电影是如何揭露美国现实中的伤人恶行，恐怖主义是如何被民主、权利与自由的宣传所掩盖。那个学生可以每天在家观看科幻小说中逼真的破膛、烧身和断头的片段，却看不下去纪录片中受害者讲述自己所遭受的真实酷刑，因为这与自我真实的创伤内核极其相近。

事实上，这个例子表明，屏幕中不断播放的恐怖画面可能给了这个学生重要的心理暗示。很明显，这是在强调这些隐藏的恐怖都是虚构的，有助于掩盖真实性，而皮格尔的电影细节则是将真实性展现了出来。齐泽克的观点很重要，因为它指出当代意识形态中对真实性的积极否定："我非常清楚这点，但我仍然这样做。"我们知道，化石燃料的使用将人类和其他物种逼到濒临灭绝的地步，但我们仍在使用化石燃料。我们知道，政治家们正在吹嘘他们空洞的口号，而当代民主是共同管理的民主，这与谢尔登·沃林（Sheldon Wolin）所说的反向集权主义大致相近，但是我们也跟着吹嘘。我们知道，标准、考试与私有化计划及培养优秀人才无关，而是实施控制力的仪式性表现，但我们也跟着做。

批判教育学的一项重要任务是对这些意识形态进行评判。仅仅通过批判思想并使其成为集体社会变革的基础来干预主体性的教育形成是不够的。此外，直面各种形式掩盖下的否定结构也是必要的。比如，教育产生的犬儒主义文化使人认为公共问题是不可避免的，通过政治手段是解决不了的，甚至让人习惯对政治的冷漠态度，还以为这样的做法十分潇洒、令人钦佩。

齐泽克并不是雅克·拉康派唯一的社会理论家。许多女权主义精神分析学家使用过拉康理论，其中最著名的有莎朗·托德（Sharon Todd）、德博拉·布里茨曼（Deborah Britzman）、查尔斯·宾厄姆（Charles Bingham）和伊丽莎白·埃尔斯沃思（Elizabeth Ellsworth）。大部分作品以拉康格言为核心，即"无意识的结构就像一种语言"。索绪尔结构语言学支持拉康派理论中关于自我的概念。在这些语言学中，能指（词语或图像等意义单位）通过与其他能指的差异来获得自己的意义或重要性，而不是通过一个概念（大脑中已经概念化的意象，即所指）或世界上的一件事物。这意味着能指没有根基，它们相互作用，并不固定为某种事物（我们在第一章斯图尔特·霍尔的术语"意指实践"中看到了对结构语言学的另一种解释）。女权主义教育家采用拉康的结构语言学理论，认为交流不可能发生。就埃尔斯沃思而言，老师给学生上课、传授知识，但学生获取的信息却不尽相同，因为语言和表达意义的结合并不是一成不变的。女权主义教育者普遍认同意义表达的不确定性这一观点，因此，作为理性的训练，教学并不实际，非理性总是通过语言方式介入。然而，自我标榜的女权主义教育者认识到这种教学实践不可能解放思想，学生最终会脱离教师权威和其他权威的控制。这种结构类似一门语言，潜意识里、本质上具有抵抗性，自动与其他既定的知识分离。

  批判教育家不同意这个观点。其一，他们不会声称教学是不可能的，是激进的，是女性主义的或解放的。其二，他们不会断言所有的权威都充斥恶意、麻木和压迫，但他们会区分必要的教学权威与对权威的滥用。此外，批判教育学不会将师生关系普遍化，认为该关系构建于所谓的权力不公之上，而这种权力总为其依托语言的内在结构所破坏。批判教育学并不强调权力须在个人关系中私有化，而是更愿意揭示权力是如何由制度、物质和政治地位的分配形成的一种历史和社会个人关系。正如罗宾·特鲁斯·古德曼所述，埃尔斯沃思及她自称的女权主义教育家联盟认为：

> 千万不要质疑或批评女性主义沦为基于私欲的个体，也不要质疑或批评反智主义提升到道德原则高度的愚昧政治……埃尔斯沃思并未提出这种私有化在历史上的意义这一问题，因为它将女权政治降低为亲和力、美学和情感……（她）不关注如何利用愚昧无知（或非理性）来使众人边缘化、关闭学校和消灭机会。（世界级女性：43—44）

  与自我标榜的女权主义教育家不同的是，批判教育家不反对女权主义政治和女权主义传统，女权主义认为所有暴力均可归为象征性暴力或语言暴力。

五、权力在自我发展中的生产力

精神分析已渗入流行文化和自助传统中，认为通过唤醒人的潜意识，人的身体或精神疾病可以被治愈。在美国，虽然精神分析作为心理治疗方法，其流行程度已大不如从前，但心理压抑的逻辑和谈话治疗的必要性已扎根于该文化。电视节目如真人秀、脱口秀和调查性新闻节目等均根据这一前提设计，即谈话主体通过向观众坦露自己真实的内心使自己得到释放。法国哲学家米歇尔·福柯（Michel Foucault）认为"受压抑的自我"这个广为人知的概念在根本上是有问题的。

米歇尔·福柯对他所称的精神分析中的"压抑假设"提出质疑，他认为谈话治疗不是减轻自我的内心负担，而是诱导人们通过谈话来建构自己。换言之，福柯认为真实的自我只能是在倾诉与忏悔中形成的。例如，他在《性史》第一卷中描述了可以在天主教堂和心理治疗室使用的忏悔法。最近，电视上的真人秀也采用了忏悔法，参与者通过忏悔与听众建立起一种关系。听众不是简单地倾听"自我"的忏悔内容，而是被赋予相应的权力。当忏悔者说出他或她心中的"真相"时，他们自己其实就成了某种主体。

此外，忏悔者与听者之间形成了某种权力关系。换句话说，成为主体的同时也要服从其他个人和机构的权威，在其中个体进行着创造意义的实践。例如，众所周知，维多利亚时代的英国人擅长克制性欲。但是，福柯表示禁欲并没有用，那只会让人们不间断地、随时随地谈论性。例如，在制定防止儿童自慰行为的策略时，教会、学校、军队、医疗机构和心理学院通力合作，制造出自慰儿童可能变成的各种人的名头，从而使人们产生出对各种性行为的想象。这反倒使人们注意到这些变态行为。

在观看真人秀和真心话脱口秀时，电视观众不是忏悔者，而是听取忏悔的人。尽管如此，福柯认为话语（他用该术语表示实践、言语行为和表征，从而突出制度和制度语言的作用）为听众或观众构建了一种特殊的主体地位。福柯的观点打破了马克思主义将主体的构建看作最终是符合阶级和经济决定论的传统思想。福柯用"话语"代替"意识形态"，强调真相是权力和知识的产物。这种观点表明，我们无法脱离历史地形成的权力关系。但是，这并不意味着个体只是社会力量的产物。个人既由话语构建，又通过外在实践生产话语。

对教师而言，一方面，他们是历史地形成的主体，需要分析其成为特殊主体的原因。他们是政治和权力关系的产物，要想了解自己或自己在政治和教育方面的所作所为，需要更新自我认知，进行自我分析。另一方面，教师需要认识到课堂实践与政治密不可分，因为教师必然会创造、重建、肯定或质疑已存在广泛使用的公共话语。学生则是在进入教师可能构建的主体地位时成为主体。

六、拓展阅读

1. Paulo Freire. *Pedagogy of the Oppressed*. New York: Continuum, 1970.

弗莱雷倡导重点旨在让人成为更完全的人和使学生成为其世界里的行动者和主角的批判教育学。这种教育学也打破了"自由者是压迫者,压迫者才有自由"的思想观念。

2. Erich Fromm. *Escape from Freedom*. New York: Holt, 1941.

弗洛姆的《逃避自由》一经出版就广受追捧,成为社会心理学的奠基之作。书中结合了弗洛伊德对社会建构主义的阐释及马克思的人本主义学说。弗洛姆在本书中解释了人类如何在施虐与受虐中抛弃自由。他相信人类可以打破"幻想的枷锁",克服疏离感,解决人类目前所面临的战争、核毁灭等紧要问题。

3. Cornelius Castoriadis. *World in Fragments*. Stanford, CA: Stanford University Press, 1997.

卡斯托里亚迪斯把精神分析理论与左派政治结合起来探讨个人与集体自主权。他的理论十分依赖于想象,他的作品影响了许多批判教育学家和其他批判社会学家,包括亨利·吉鲁和齐格蒙特·鲍曼。

4. Henry Giroux. *Disturbing Pleasures*. New York: Routledge, 1992.

本书是吉鲁开始关注大众媒体与艺术的文化政治学及文化研究教育学的重要过渡性作品。

5. Herbert Marcuse. *Eros and Civilization*. Boston: Beacon Press, 1955.

除了弗洛姆和阿多诺之外,赫伯特·马尔库塞也是法兰克福批判理论学派的成员,他进一步扩展了精神分析学。马尔库塞重新阐释了弗洛伊德的断言,即"压抑的产生是文明进步的代价"。他将这一说法放到历史背景中探讨,认为过多的压抑具有破坏性,并描绘出没有压抑的力比多社会关系。马尔库塞对压迫势力及其体现方式,以及他对自由充满的希望,在20世纪60年代的社会运动中产生了强烈共鸣。

6. Chantal Mouffe. *The Return of the Political*. New York: Verso, 1992.

比利时政治哲学家墨菲与阿根廷政治哲学家埃内斯托拉克劳提出激进民主理论。他们将德里达的解构主义与罗尔坦的实用主义相结合,重新思考差异政治学。这是一个符合20世纪80年代和90年代提出的后结构语言学的政治理论。激进民主派认为社会和个人由差异构成。

7. Theodor Adorno. *Introduction to Sociology*. Stanford, CA: Stanford University Press, 2000.

阿多诺的讲座课程为批判社会学提供了有价值的介绍,并驳斥了实证主义的意识形态。实证主义将事实与其基本价值和假设分开。它对主体性与客体性、理论与实践的关系提供了清晰、重要的解释。

8. Theodor Adorno and Max Horkheimer. *Dialectic of*

Enlightenment. Stanford, CA: Stanford University Press, 2002.（首次出版于1944年）

作者通过借鉴尼采的思想并预测后结构主义，突出对进步、理性、和谐、整体和积极性不懈追求的启蒙运动思想是如何拒绝并压制以非理性和破坏的形式重现的差异性和消极性。如今对标准化测试的推崇（据称效率更高，因其可量化和可衡量）会加剧非理性、反智主义和逃避真正改进公立学校的公共行为。

9. Slavoj Zizek. *Welcome to the Desert of the Real*. New York: Verso, 2001.

齐泽克是文化研究和批判理论领域的领军人物，他借鉴法国精神分析家雅克·拉康的观点，对当代拒认心理和政治犬儒主义进行了探讨。

10. Deborah Britzman. *Lost Subjects, Contested Objects*. Albany: SUNY Press, 1989.

布里茨曼是女性主义教育理论重要代表人物，对精神分析学有所吸收与发展。

11. Ellzabeth Ellsworth. *Teaching Positions*. New York: Teachers College Press, 1998.

埃尔斯沃思的女性主义教育学借鉴拉康对结构语言学的应用，认为人与人是不可能沟通的。在埃尔斯沃思看来，老师上课所教的知识与学生获取的不同，因为语言和意义是不稳定的。对于埃尔斯沃思来说，这一事实意味着它将学生从教师的权威中解放出来，进而将其从所有权威中解放出来。

12. Sharon Todd (ed.). *Learning Desire: Perspectives on Pedagogy, Culture, and the Unsaid.* New York: Routledge, 1997.

教育哲学家莎朗·托德（Sharon Todd）的工作进一步发展了教育与精神分析之间的关系。最近，她致力于研究伊曼纽尔·列维纳斯（Emanuel Levinas）的伦理思想。

13. Robin Truth Goodman. *World Class Women.* New York: Routledge, 2004.

古德曼的著作批判女性主义教育学，认为该理论没有探讨新自由主义背景下公私领域之间的重要差异。古德曼借鉴批判教育学探讨该问题。

14. Sheldon Wolin. *Democracy Incorporated: Managed Democracy and the Spectre of Inverted Totalitarianism.* Princeton, NJ: Princeton University Press, 2008.

沃林认为，当代美国的特点是独裁主义，只是这种独裁与传统的国家/法西斯独裁不同。这种"反向极权主义"是一种对国家进行集体统治的制度。人群中产生政治冷漠，金钱主导政治机构的"被管控的民主"假象成为一种"表演"。

15. Michel Foucault. *The History of Sexuality, Vol. I.* New York: Vintage, 1977.

福柯认为，自我的真相是通过倾诉与忏悔形成的。他使用术语"话语"来指为听者或观者构建主体地位的实践、言语行为与观点表达。福柯的观点打破了马克思主义将主体的构建看作最终是符合阶级与经济决定论的传统思想。个人不只受到社会力量的影响，还由话语所构建并通过象征性实践产生话语。

七、讨论题

1. 除生物性外，在社会、政治和文化方面，"自我"形成的方式有哪些？

2. 批判教育学强调了"自我"的什么？

3. 有关"自我由压抑所决定"的观点如何不同于福柯有关"自我是由话语所构建"的观点？

第四章 霸权主义

本章详细阐述安东尼奥·葛兰西（Antonio Gramci）的霸权理论。作为一种政治斗争理论，文化、语言和教育在其中处于中心地位。葛兰西的霸权社会变革理论对教师来说尤为重要，原因包括如下几个方面：第一，他认为教育本身就具有政治性。第二，他认为政治也是一种教育。第三，针对教育在形成各类政治机构过程中所扮演的角色，他提出了详尽的理论。第四，他强调知识分子（例如教师）的作用；重新定义脑力劳动过程中的"霸权"一词，提出其对教育者的重大意义。第五，他强调人的观念并非只是产生于头脑，也是历史斗争的产物。

一、葛兰西与霸权主义思想

对于社会学和政治学学者来说，霸权有两个截然不同的意思。霸权可指绝对的权力。这层意思更为普遍。霸权也可指不同团体争夺社会优势支配地位而进行的斗争。在学术批判中，霸

第四章 霸权主义

权斗争指由不同阶级和文化团体发动的争夺公民社会和国家的斗争。意大利哲学家、社会理论学家安东尼奥·葛兰西是最具影响力的霸权思想理论家。

葛兰西是马克思主义者。在20世纪30年代墨索里尼法西斯专政时期,他曾被捕入狱。葛兰西打破同一时期其他马克思主义思想家的思维定势,后者强调工人阶级之所以斗争是为了创建一个代表工人阶级利益和观点的社会。他们还认为这个目标只有通过武力手段或高压政治——武装袭击、革命党派的暴力夺权,或是经济斗争才能实现。令葛兰西感兴趣的还有争夺权力的斗争如何既是对物质生产权的争夺,也是对思想观念的争夺,即哪一方的思想占据主导地位。葛兰西还致力于革命,用公正、民主的政治和经济秩序取代资本主义剥削和阶级秩序。然而,他强调尽管国家权力是通过武力获得,但如何使用国家权力则需要征得被统治阶层的认可,而这个必须靠教育才能得以实现。对葛兰西来说,每种政治关系都是一种教育关系。为了维护权力,统治集团必须将自己的常识、语言、价值观和意识形态灌输给别人。在葛兰西看来,攫取政治权力的斗争主要涉及教育他人接受本阶级的文化和语言,还要赢得社会的支持。

葛兰西思想的一个重要方面是它认识到不同阶级和集团有其各自独特的文化和知识分子。也就是说,各阶级的知识和意识形态都是特定的,尽管统治阶级将知识粉饰得具有普遍性与政治中立性,意识形态也被视为仅仅是对事实的扭曲。葛兰西提出工人阶级应培育自己的知识分子。这些人代表工人阶级的利益和需求,能够陈说社会现实。对葛兰西来说,每个人都是有思想的知识分子,因为每个人都能产生思想。但并不是每个人都承担了知识分子的社会责任。他对两类知识分子——传统知识分子和有组织观念的知识分子进行了区分。传统知识分子炮制的知识和意识形态为统治阶级效力,因统治阶级需要借用文化和语言来表达自身看待世界的观点以维持现有阶级秩序。葛兰西认为传统知识分子表现为具有社会性、公正性和专业性的行家,然而事实并非如此。

每个集团(即葛兰西所谓的"历史集团",或是阶级性组织)都有各自的有组织观念的知识分子。他们具有该组织特有的社会地位、利益和价值观。为攫取和维持权力,统治集团需要培养这类知识分子,以说服他人接受该集团的世界观。葛兰西写道:

> 任何试图力争占据统治地位的集团的一个重要特点是,尽力从意识形态上同化并征服传统知识分子。如果该集团同时能够成功笼络自己的知识分子,则这种同化和征服的过程就会更快更有效。(狱中札记,305)

亨利·吉鲁,批判教育学的主要倡导者,在葛兰西作品的基础上指出教师在课堂教学实践中必然扮演知识分子的角色,他们需要在通过课堂教学实践来塑造民主社会的过程中明白自己的知识分子角色。在《教师作为知识分子》一书中,吉鲁对传统型知识分子、批判型知识分子、转化型知识分子进行区分。传统型知识分子主要服务有权有势的经济和政治精英,他们是文化和知识的创造者。批判型知识分子将知识与权力和政治问题联系在一起,但是并未将这样的分析转化成行动或通过学生使批判性知识以各种形式成为转化型知识。转化型知识分子既将知识与权力和政治相连,又采取行动并形成政治能动性。

二、"优质"郊区教育的不足

保守派、自由派,甚至进步派教育作家皆追捧那些位于郊区富人区的所谓好学校。占据主导地位的教育政策同样视这些学校为城乡贫民区学校的完美典范。从这个角度来看,富人学校的考试分数彰显它们的优越性并证明贫困学校的教育改革不适用于富裕学校,比如严格的训导、刻板的教育方法、迂腐非互动式的教学形式、标准化模式,以及忽视学生的身份、文化、语言和经历。葛兰西的观点使这种情况变得更加复杂。他指出富裕学校输出的知识和文化不应被过度解读为代表普遍有价值的知识和文化,而应仅仅被视为统治集团的知识、文化和意识形态。如果事实如此,那么对坚持这种错误地普遍化的知识、意识形态和文化的要求,则是一种使除统治集团以外的所有人与成功绝缘,还将统治集团的常识强加给被统治群体的政治行动。与此同时,统治集团巧妙地利用自身的知识迫使教法边缘化,而这些教法恰恰强调知识的政治维度。因此,优质学校的不足之一是它们不允许学生掌握从意识形态方面批判其所在社会的工具,而这些没有知识分子和政治特质的学校却错误地成为产生被视为高人一等的学校和学生的理想之地。

葛兰西坚信教师的工作对未来意义重大。它将学生塑造成特定人群，为人们合力解决公共问题创造条件。有别于其他作品的是，他的作品指出教师在帮助学生的过程中不可避免会形成不同主体。学生是否掌握不断完善自己、干预社会的方法？抑或他们是否已在思考和行动上习惯于被别人压迫和压迫别人？

葛兰西的作品打破了知识分子的传统分类框架，在这个框架之中，知识分子被错误地视为具有中立性和普遍性的不偏不倚的学者。该作品也挑战了很多激进主义中的反智主义，坚称争取解放变革的人需要对条件进行理论化和历史化。在葛兰西看来，社会团体为获得优势地位而进行的斗争部分要靠强力，同时也要获得其他团体的认可。也就是说，任何获得社会权力的集团都已成功地教育了其他团体接受了具体的思想和行为方式。政治的首要作用是教育。

三、当下霸权主义盛行的原因

葛兰西明白工人阶级的夺权斗争主要局限于民族国家层面，政党为斗争的主要工具。尽管葛兰西的洞察力对于理解霸权斗争极为关键，但他有关政治变革是以政党为基础的且局限于一国国内的观点，随着斗争的日益国际化而需要扩展。作为知识和文化的必要创造者，教师的作用尤为重要；他们作为有组织观念的知识分子和永恒的说教者，也担当重要的政治角色。同样，学校也不再是社会的主要教育力量，因为大众媒体的教育力量早已超越学校，影响力可触及全球。葛兰西有别于同时代的马克思主义者，后者认为文化和社会与经济相比居于次要地位。葛兰西明白文化和社会不仅是对立社会团体斗争的重要领域，而且物质斗争只有在文化中才有意义。葛兰西意识到权力不仅通过威逼手段（例如使用武器、罢工或停产）而运用，还可通过制造观点和意见，通过教育人们接受具体的思想方式来运用。

对教育者来说，了解霸权理论和葛兰西的知识分子角色理论具有重大意义。第一，他认为教育本身就具有政治性。如今的公共难题之一是环境恶化，形势严峻，使得科学家开始质疑人类幸存的可能性，更不要说其他大多数物种了。环境危机不只是一个有待解决的技术难题，更涉及社会价值观、未来愿景和政治意志。为解决这一公共问题，需要教育民众了解是资本主义对利润的无限追求才导致大自然遭到疯狂掠夺。暴利已然产生，再去依赖利润来解决问题已非良策。为加深民众对这一问题的理解，强化解决难题的政治决心，引进教育项目是必要的。把学习与现实问题分离开来的教育实际上具有政治性，其目的在于承认现实和权力结构。相反，解决公共问题需要这样的教育形式：它能够帮助学生理解自己如何被众多势力和机构所压迫，以及这种觉悟如何为推翻这些势力、组织并实现解放奠定基础。

当今的公共问题包括20世纪50—70年代旨在实现种族和民族平等的民权运动中取得的成果正逐渐失去，以及学校种族隔离制度和压制选民问题的死灰复燃。只有不断通过教育让人接受现状的安排，现实存在的种族隔离制度才能够延续，而这种制度影响着学校、房产与工作单位。葛兰西对争夺文化和公民社会斗争的强调，以及他对经济主义的否定，意味着他认为不能仅仅从种族、民族身份问题或阶级问题来理解权力集团。相反，争夺社会优势地位的集团通过多种因素形成，包括阶级、民族、种族、性别等。这些身份定位的现实意义，部分在于它是通过集团内其他成员及本集团以外的身份定位进行界定。例如，一般意义上的解放政治必须相对于等级社会组织、独裁主义、反民主的政治模式实现的身份来进行界定。正如葛兰西告诫我们所言，如果我们从事脑力劳动，那么问题的关键在于——在创造基于自由和平等新常识的过程中，教师和官员所从事的是何种类型的脑力工作？转换型知识分子为了摆脱政治束缚所付出的努力必然与各种反压迫和追求共同利益的斗争密切相关。

公共问题还包括已在美国和世界范围内迅速扩张的政治独裁主义。对平等和民主的执着追求需要教育和学习。伴随财富和收入极度不公平现象的还有公民权受到严重侵蚀，代表选举制度受财团操控，以及由大众媒体企业所有权极端整合引发的新闻和信息业危机。与此同时，教育改革深受私有化力量的影响，因为公共教育被视为私人集团掠取利益的公共领域之一，学生成为投机者的牟利商品，企业经营学校的目的是为了获取利润。这些公共难题需要受过良好教育、理解能力强、具备社会干预能力的公民积极响应。

新的教育改革基于市场和企业文化实行，比如极度重视标准化考试、课程标准化、刻板的课程和直接教学法。它们摧毁了将知识与权力、政治和伦理相结合的教学方法。换言之，学生赖以理解和追求真理的知识工具正被如今的改革所摧毁。这种改革将知识视为消费品，而将理解问题降位为可衡量和量化的对象。如果教师和学生要共同争取更高程度的公平、更平等的社会关系，处理更重要的公共难题，如独裁主义、生态危机和消费主义，那么他们不仅需要学会建立学校和课堂的民主模式，还需要将学校和外界的发展现状结合起来。

四、拓展阅读

1. Antonio Gramsci. *Selections from the Prison Notebooks.* New York: International Publishers, 1971.

葛兰西断言夺权斗争不仅包括对生产资料的控制，还包括对思想的控制。他致力于运用革命的手段来改变资本主义的剥削和等级秩序，代之以公正民主的政治经济秩序。

然而，葛兰西在强调武力夺权的同时，也提出国家政权的运用须征得被统治阶层的同意，而这一目的必须通过教育得以实现。

2. Henry Giroux. *Teachers as Intellectuals: Towards a Critical Pedagogy of Learning.* Westport, T: Bergin & Garvey, 1988.

吉鲁拓展了葛兰西关于区分不同类别知识分子的理论，指出传统型知识分子和批判型知识分子及转化型知识分子的不同点。批判型知识分子和转化型知识分子的最大差别在于前者阐释的是政治和权力，而后者将自己的分析与争取社会变革联系起来。

在美国视教师为从业者的大背景和反智主义长期盛行的情势下，吉鲁视教师为参与社会建设的知识分子。

3. Michael Apple. *Ideology and Curriculum.* New York: Routledge, 1977.

阿普尔诠释了葛兰西的霸权概念，并将其置于美国教育和知识的批判社会学体系中。

五、讨论题

1. 霸权在本章的两层含义是什么？
2. 传统知识分子和有组织观念知识分子的区别是什么？
3. 在区分传统型、批判型、转化型知识分子方面，吉鲁对葛兰西的理论有什么补充？
4. 不接受对某类知识分子的主导解释而划分不同类型知识分子会存在什么风险？
5. 根据霸权理论，政治为何总是有教育性质？
6. 根据霸权理论，教育为何总是有政治性质？

第五章　惩戒权、种族与考试

本章主要阐述福柯关于惩戒权、规训与考试的观念，并结合当代教育趋势对这三个概念进行分析。当代教育趋势包括标准化测试、以学生为中心及学校规训制度下的种族主体差异化。学校规训制度包括"成绩落差"与种族隔离的学校企业化改革。

一、惩戒权

法国社会哲学家米歇尔·福柯重构了权力的概念，强调知识的产生总是与权力关系密不可分。福柯坚信大多数社会哲学均认为权力是自上而下的，即权力总是作用于先于权力运作存在的主体之上，且主体存在于这些权力运作之外。权力通过制约其从属者起作用。福柯却认为这些社会哲学理论的前提是错误的。权力和主体彼此依存，主体因权力关系而存在，权力关系的建构以主体为依托。福柯认为，当权力机构需要主体并在机构中为其提供位置时，主体才应运而生并焕发生机。福柯的权力观强调权力的控制能力不是通过制约，而是通过制造知识和主体地位的实现。对福柯来说，权力应被视为源于局部并产生于机构实践和仪式中。福柯关于各个机构如监狱、精神病院和医院的历史观点体现了他所谓的"现代权力"与"古典时代"权力运用方式之间的差别。根据福柯的解释，在古典时期，在某些特殊地方行使权力，如公开行刑这种公之于众的身体刑罚只为以儆效尤。

在现代社会，权力无处不在，绵绵密密，联络四方，通过监视而行使，而且它连接生而非死。例如，在《规训与惩罚》一书中，福柯形象地描绘了古典君主制时代和资本主义之前的经济形态下国家惩罚与资本主义及议会民主出现后的现代形式的惩罚之间的差异。

福柯详细叙述了古典时期弑君者达米安被五马分尸公开受刑的场面。他在众目睽睽之下受死，以此警诫民众挑战王权的下场。福柯将这幅血腥画面与19世纪的监狱进行对比，那时的监狱以时间和空间上的严密监控为特征。在这一系统的管理下，囚犯遵循严格的作息安排，受到守卫的监视。早期监狱采用的是全景监狱设计，牢房环绕中间的瞭望塔布置。这一设计使得守卫可以随时监视囚犯，囚犯也会很快意识到自己随时受到监视，所以必须谨言慎行，学会自律。在福柯看来，现代权力包含一种反向监视关系。每个人都逐渐受到被监视的隐形权力的制约，同时又拥有监督处于从属地位者的权力。福柯认为，这种监视的逻辑在众多当代机构中都有迹可循，包括从监狱到军队、救济院、医院及学校的一系列机构。

福柯关于现代惩戒权的论述强调特定社会关系如何由日常生活中的微观实践和微观政治学形成。权力产生于人们在各机构的实践和仪式。福柯关于权力的描述取代了对权力的传统描述，后者强调自上而下的等级权力关系，总是赫然从外部而来。例如，马克思主义传统将经济压迫的权力视为结构性的决定力量。依据马克思主义的传统观念，知识产生于真正重要的社会力量——物质资料生产关系，即经济。按照马克思主义观点，知识要么是现实的正确反映，要么是同一思想形态的歪曲反映。对福柯而言，知识一直是一种权力形式，而"权力则事关知识能否应用及其应用条件"。[1] 自由主义哲学传统认为伟人的权力和思想，以及国家权力是权力产生的关键外部条件。福柯并不否认这些权力的来源，但是他强调随着贵族统治的衰落和农奴制权力的削弱，现代社会行使权力的规范方式更加微妙。惩戒权由规训判断和等级监督构成。

规训判断涉及按照同一规范进行对比、区分、排序，并进行同质化和标准化。等级监督涉及对个体的监视并在多重标准下对其进行评价和判断。我们以现代军队的规训判断为例来解释这一概念。士兵须在训练场地列队，接受站在高处的首长检阅。士兵的着装是否规范及着装后的行为举止是否标准都是检阅的范围。士兵之间被相互比较，根据是需要遵守的军队条例，具体做法是通过士兵之间彼此对比、士兵和榜样示范之间的对比来实现规训化。福柯强调，惩戒权的重要性在于它通过仪式和实践，使人们成为能够从内心学会自律并约束自己的行为的特定主体。

同理，现代学校的学生也处在教师的等级监督下，而教师则受到学校管理层的等级监督。学生还受到检验系统的约束（有时是监视，有时是考试），其中同样涉及按照同一规范进行对比、区分、排序、同质化与标准化。福柯再次指出这种权力形式的关键在于个人参与机构仪式，使自己成为能够自我管理的人或主体。教室的布置也是一种等级监督的形式：教师面向学生而坐，同时学生面对教师，接受教师监督。

标准化考试面向学生实施，但考试出题者并不在教室里。现代权力是隐形的。学生按照将其与别的学生比较而得出的规范进行衡量。

随着教师的工资越来越和业绩及所谓的附加值评价挂钩，即教师质量是学生考试成绩的函数，教师也越来越受到更多的规训。福柯坚称惩戒权就像一张网一样。个人受制于等级监督，同时也对机构中地位低于自己的人进行监督。在工人阶级和穷人学校中，学生们接受的形形色色的惩戒监督一般与监狱有明显关联。闭路电视、安检设备及警察看管在这些学校都是家常便饭的事。福柯帮助我们理解这些机制不是简单针对已成为人的人，相反，它们积极地按照特别的方式"制造"个人。通过这些技术，工人阶级和贫穷学生受到的教育是他们应从犯罪和被社会主流排除在外的角度与假设来看待自己。

二、体罚黑人学生

在《坏男孩》一书中，安·艾妮特·弗格森（Ann Arnette

Ferguson）引用批判教育学与福柯的观点来论证在满是工人阶级和贫穷的非裔美国学生的市区学校，规训不是仅作为应对学生行为的手段那么简单。正如弗格森所述，在被监视、被谈话和被学校确定其地位中，在根据包括白人规范在内的隐性规范在确定其地位的过程中，学生成为种族化和惩戒的对象。上述白人规范将肤色等种族特征与行为实践联系在一起：

> 目中无人、挑衅的和逆反的人；戏剧性和情绪化的表现；丰富、复杂但并不标准的词汇，这些特征形成了比较场域中的"外限"。这些特征和社会要求的温顺的外表、温和的语调和标准英语的统一句法都形成鲜明对比。这种外限在黑人小孩身上表现得尤为典型：他们越接近白人，越接近他们的身体、语言和情感表达规范，这些小孩就被视为越自律，越是受到制度接受的成员。（弗格森，72页）

在对某学校的田野研究中，弗格森发现成人惩戒者并非认为非裔美国儿童就是"坏"的。换言之，成为坏孩子并不是像必然会应验的预言一样的必然之事。它同时也意味着特殊的身体特征如何与某些社会意义象征性地契合，例如男性黑人身体与恐惧的联系。

福柯和弗格森对于权力通过规训运行的分析使得教师的意义建构变得复杂。这些意义建构实践可解读为总是肯定或挑战现有的权力关系和意义体系。除此之外，他们的探讨修正了我们对学校情况的理解，这是对自存的真实师生身份的回应。他们指出学校不单是传授知识的地方，也是塑造学生身份的地方，但塑造身份的过程常常是不平等的和压制性的。

三、抵抗的可能性

福柯的视角提供了一个有关学生抵抗的全新的概念。20世纪七八十年代美国和英国的社会教育学家如保罗·威利斯、安吉拉·默克罗比、亨利·吉鲁等试图了解学生对学校等压制性机构的抵抗如何破坏了这些学生自身的人生机会，却也有可能从事使他们掌握了培育社会反抗运动的方式。批判型教育学者构想过学生抵抗镇压势力的可能性，构想过学生通过自发组织进行反抗的可能性，以及形成批判意识的可能性。福柯的抵抗论阐述了一个问题：因为权力塑造了我们，我们的一言一行在某种意义上都是在重申权力。权力塑造的主体与权力工具这二者密不可分，不可能远离或脱离权力。所以反抗行为一方面体现的是对立，一方面体现的是我们对权力工具的重申。福柯的同性恋案例就是一个不错的例子。在19世纪维多利亚统治时期，正是统治阶级通过教堂、学校和医院等机构施行的性别压抑导致在压抑过程中出现了同性恋身份认同。在20世纪60年代，同性恋群体因为长期受到压制而成为权力和反抗的源头。因为起自权力，随着男女同性恋运动的兴起，它作为权力的表达方式必然在政治场景中爆发。福柯的抵抗观提出了这样一个问题：其他类型的身份能在何种程度上通过受压制夺取权力？这一案例是否可推而广之，是否具有普遍性？

四、福柯式权力的理论问题

福柯对权力的概念化方式虽然极具价值,但也有很大的局限性。正如南茜·弗雷泽(Nancy Fraser)认为的那样,福柯不愿提及伦理和政治规范来使他对压迫势力的批判正当化,以及为规范性社会价值观奠定基础。这些规范可能包括平等和人权。福柯拒绝这样做的原因是他认为某些特定的价值观是在历史发展过程中形成的,并通过权力使其得以理解。规范并不是普遍的或游离于使其焕发生机的权力之外(对此问题感兴趣的朋友请参考尤尔根·哈贝马斯的著作《现代性的哲学话语》或《乔姆斯基、福柯论辩录》,其中有哈贝马斯对福柯的讨论)。弗雷泽坚信规范不可或缺。我们可以从中得出的结论是:如果在校教师要致力于批判型教学实践,那么他们需要意识到自己所接受的价值观和意识形态,并在日常实践中倡导它们。

此外,如果学校是形成主体地位且使学生在此成为个体的地方,那么教师在反思应为青年学生制造何种主体地位方面就应该有更大的作用和责任。

弗雷泽最近对福柯提出了又一种批评。福柯的惩戒权理论侧重养成式自律,在经济社会大变革时期的美国大学里颇为盛行。从经济方面看,美国的经济形式已从福特主义工业生产转向后福特主义、后工业服务型经济。根据弗雷泽的解释,自我规范和社会规范随着经济的变化而改变。养成式自律适应了对工业、福利型政府与工业联合的社会控制模式。但始于20世纪70年代的新自由主义经济逐渐将经济责任转到个人，政府也有计划地削减了社会保障网络的经费。弗雷泽认为这会导致一种结果——对个体的规范逐渐个性化，这与其成为经济活动的主要参与者保持一致：个体应成为熟稔的消费者和创业主体。

正如弗雷泽所言，后福特式经济的社会规范对福柯惩戒权理论描述的养成型自律时间与劳动力密集型策略的依赖性越来越小。相反，社会规范逐渐依靠二元社会，实力衰弱的职业阶层学习如何在岌岌可危的经济中提高竞争力，而社会的其他阶层受制于更严苛的压制形式和直接的身体控制。心理疾病越来越少地用耗时耗力的心理分析聊天式疗法治疗，而是更多采用药物进行治疗。逐渐私有化的监狱的关注重点不再是通过培育自律让因犯重新做人，而是加强身体控制。正如齐格蒙特·鲍曼（Zygmunt Bauman）所述，加利福尼亚的鹈鹕湾监狱采用的是共景式监狱设计，而不是福柯的全景式监狱设计。这里没人在意囚犯做什么，重点是监禁他们的身体。关塔那摩监狱的囚犯也是同样的情况，这里的犯人皆是非法关押，更不用说有任何劳教的措施。

过去十年，学校改革的方向影响着当代控制形式的转变。工人阶层和劳苦大众子弟就读的学校遵循监狱或军队的模式，变得越来越压抑。新的学校企业化改革及其最流行的教法提倡僵化、直接、刻板的课程和时间空间的标准化。公益企业 KIPP（知识就是力量的缩写）和营利性管理公司爱迪生教育集团都是大型私立学校的管家，代表压制型的教学方法，强调身体控制、目视老师、坐姿端正。一旦背离这些准则，学生会受到惩罚。这种身体惩罚和教学压制针对城市地区少数黑人和黄种人且经济条件较差的学生。这些学校要求学生受制于严苛的规训手段，认为这些手段在经济竞争中是最有利于学生的。渐渐地，这些学校开始私有化，有色皮肤的贫苦学生成为一小部分有权有势白种富人的投机机遇。

与此同时，大多数职业阶层就读的学校仍是公立学校，处于主导地位的白人学生得到的待遇依旧不同，尽管学校对经济竞争的说词还是一样。这些学生身上肩负夺取经济管理领导权的期许，继而获得更多话语权，而不是拘泥于刻板的自说自话。他们有更大的行动自由、话语权和参与权，同时需学习"企业家"式的自我管理。根据弗雷泽和鲍曼的观察，当大量药物用于引起学生对教育考试竞争的关注，养成型自律就结合了直接的身体控制。我们正见证着法国哲学家吉尔·德勒兹所定义的"控制团体"的扩张，在这种团体中，对人身与人口的直接控制尤为重要。而在当代新自由主义教育改革过程中，这种直接的胁迫通常要结合福柯的养成式自律惩戒权，后者的典型表现是考试、监视，等等。

学校企业化改革如特许权、私有化、教育券和高利害性标准化测试假定所谓的市场规训应该融入身体和行为规训。基于多种原因，这一假设的种族化和种族歧视的程度较高。首先，这些政策和实践未能成功破除传统公立教育的种族隔离旧习，事实上反而加剧了种族隔离。通过隔离以及对教育问题东拉西扯的错误勾勒，学校企业化改革鼓励了种族主义形式的规范和自律。标准化测试和标准化课程宣称在文化、种族、民族和语言方面保持中立态度。从这个角度来看，文化差异就被视为一个待克服的问题。例如，所谓的"成绩落差"问题，即将非洲裔和拉美裔视为成绩的拖累者，否定了知识在课程、教法和文化政治方面的文化差异。差异只是被当作未达到量化标准的原因。同时，这种标准不考虑任何文化和阶级的差异性。

五、结语

福柯的作品和弗格森、弗雷泽、鲍曼等人的作品一样为教师和其他人提供了理论工具、语言和概念，其中的一些可以用来帮助我们理解学校状况、政策和实践。学校企业化改革加剧了公立学校系统历史上形成的种族和民族隔离，加剧了公立教育系统本已极其不均衡的资金情况，加剧了公立教育系统的反智和反批判主义趋势。教师和监管者可以采用这些或其他理论来构建更新、更好的公共教育体系，一个完整、资金充足、在教法和课程方面饱含批判智慧的系统。重塑学校所付出的这些努力可视为在更大的范围内合力构建一个富有思想和同情心的社会的组成部分。正如弗雷泽所表明的，如果我们的实践总是崇尚特定规范的政治和种族价值观，那么教师应反思更宽泛的价值观，以此来使其教学实践和面向未来愿景的实践更有活力。这是他们义不容辞的责任。

六、拓展阅读

1. Michel Foucault. *Discipline and Punish: The Birth of the Prison*. New York: Vintage, 1977.

福柯的作品解释了机构是如何自我调节的。

2. Ann Arnett Ferguson. *Bad Boys: Public Schools in the Making of Black Masculinity.* Ann Arbor: University of Michigan Press, 2001.

本书是福柯监狱理论在教育领域的应用之一，它显示压制型学校在教育过程中是如何塑造黑人男性身份的。

3. Nancy Fraser. *Unruly Practices.* Minneapolis: University of Minnesota Press, 1989.

弗雷泽阐述的内容包括对福柯权力理论的批判，批判的重点在于福柯拒绝将其理论建立在诸如人权原则的基础上。

4. Nancy Fraser. "From Discipline to Flexibilization: Rereading Foucault in the Shadow of Globalization". *Constellations* 2002.

在此书中，弗雷泽继续批判福柯的权力理论。

5. Zygmunt Bauman. *Globalization: The Human Consequences.* New York: Polity, 1998.

鲍曼的作品包括对监狱理论的更新。

6. Henry Giroux. *Theory and Resistance in Education.* Westport, ct: Bergin & Garvey, 1983.

吉鲁的这部经典作品是对福柯权力论提出批评的早期作品之一。

7. Paul Willis. *Learning to Labor.* New York: Routledge, 1977.

威利斯关于英国青年人种志的研究是学生对立和抵抗理论中有影响力的研究。这一研究认为支配地位并不绝对，学生以矛盾的方式影响和实践着阶级。它也认为多数学生对立成为阶级压迫和这些青年终生屈服的基础。

8. Gloria Ladson-Billings. "Pushing Past the Achievement Gap: An Essay on the Language of Deficit." *The Journal of Negro Education 76*, no. 3（2007）: 316-323.

此文调查隐形规范形成的普遍化，以及用这些规范来使少数族裔青年病态化的方式。

七、讨论题

1. 福柯的权力观与大多数社会哲学的权力观有哪些不同之处？
2. 什么是常规化判断？它如何在学校应用？
3. 什么是层级监视？它如何在学校应用？
4. 如何借助福柯的观点理解种族主义塑造公立教育并可能有助于开展反种族歧视教育？
5. 教师和学校管理者如何促成"坏孩子"的养成而非仅仅是被动回应？
6. 弗雷泽对福柯的权力理论提出的两条批评是什么？
7. 为什么说成绩落差的观点有问题？它是如何具有政治性的？

注释

1. Stuart Hall, *Representation: Cultural Representations and Signifying Practices* (Thousand Oaks, CA: Sage, 1997), 48.

第六章　生命政治与教育

本章探讨人口生产和管理及对生死进行管理的生命政治（或监管权）的不同观点；审视生命政治在教育领域的最新应用，以便更好地理解可支配人口的生成、教育的文化控制、终身学习和不断升级的教育垄断对生命体和政治体实施侵犯的方式。

一、什么是生命政治？

生命政治是指以生命的生产和管理占主导地位的一种政治形式。我们生活在一个不同于以往的时代，在这个时代，不仅仅是自然，连生命本身也可以像信息、专利和财产一样被制造和操纵。遗传学使科学家能够合并物种，而动物、人类与机器的生物整合也越来越有可能。通过科学技术掌握自然的启蒙时代的梦想已成为资本积累不可或缺的一部分，这些历史上无与伦比的项目，使为数众多的人能够享受舒适、奢侈与安全的生活。然而，技术统治自然与唯利是图的做法也会给地球上一半的人口带来生态破坏、贫困、绝望和不安全感，以及核辐射可能造成全球核毁灭。

人类工业生产对自然造成的巨大破坏，全球变暖及其导致的强制移民，以及人口增长对生态稳定的巨大影响，都意味着我们不能再将自然视为是与人类完全分离的。大量使用化学物质，造成物种灭绝和环境污染，人类就是这样来"管理"地球、影响地球和破坏地球的。事实上，半个多世纪以来，经历过全球核灾难和全球气候变化，人类几乎已经拥有毁灭生物物种的能力。

学校应该是使未来公民可以学习更好地管理和打理自然的地方，因为人类与自然越发彼此交融。然而，现在的趋势是通过所谓的STEM教学模式（如科学、技术、工程和数学）使学校教育职业化，这些技术学科的学习正脱离其社会意义。错误地把科学定位为中立的、与政治无关的，甚至是纯技术的，这些学科被视为有市场应用价值。然而，获得财富和提高生产率的前景常常无法实现，对技术的无限制使用使环境继续恶化，与此同时牺牲了真正的科学知识和公众利益。

近年来，环保运动更加注重个人行为，如随手关灯、家庭节能、限制过度消费和浪费。但破坏环境的真正始作俑者是唯利是图大公司的一系列行为和政府受金钱利益驱使的权力寻租行径。生命政治这个新领域认为政治对人口甚至对新型生活方式的产生都有重大影响。生命政治拒绝从个体角度看待生态与生命科学，为政治学研究提供了一种新的视角，对权力阶层如何控制大众进行了解释。

二、主权的变迁

米歇尔·福柯在某种程度上从主权的历史转变层面解释生命政治，即历史上行使权力的主要方式是对人生死权的掌控。这种权力行使形式已让位于现代"对生命进行管理、提供保障、促进发展和培育"（莱姆基，2011）的权力形式。例如，正式的学校教育在积极培养符合国家和产业利益的主体（自我）方面起主要作用。国家致力于培养服从统治的国民，而工业致力于培养百依百顺的工人来从事工资低、技术含量低的工作。诚然，政府和企业还需要领导者，需要培养有创造力、能解决问题的人在经济和政治领域担任领导角色。

学校在培养各类工人方面所扮演的角色对筛分人口是十分重要的。例如，声称中立的标准化考试过程中，每个考生同样要受到看不见的考官（出题人）居高临下的审度。每个学生都必须通过考试表现自己的真实水平，并不断向标准化、规范化的"表现"趋近。

三、生命知识的产生

托马斯·莱姆基（Thomas Lemke）的《生命政治学：高级导论》阐述了生命政治的三个重要维度。结合当代教育政治，我拟将其延伸说明。首先生命政治涉及生命知识的生产。莱姆基写道：

> 人们会问，机体和生命过程的哪些知识应与社会相关？

> 哪些无关？哪些科学专家和学科拥有合法的学术权威，可以讲出关于生命、健康或是一定人口的真理？哪些词汇可以用来描述、衡量、评价和批评生命过程？什么样的认知和智力手段以及科技程序已蓄势待发来阐明真理？关于生命过程的目标和问题，哪些理论建议和定义正获得社会认可？（119）

显然，当前对标准化测试和课程标准化的热衷都低估了孩子的个体特征。这种测试只聚焦可以量化和实证的那部分经验，聚焦可控的方面。

哪些科学权威具有不断提升的讲出关于学生和教师生命"真理"的合法话语权？经济学家、不具有教育专业经验的商业人士、考试命题人和出版商已逐渐成为权威，他们把利益驱动的教育价值观传达给更多群体。首先把学生变为工人和消费者已然成为教育的支配观念，持有这种观点的专家成了教育改革领域的权威，商业领域的说法越来越成为教育进步的代名词。什么样的老师是好老师？激发学生的好奇心和创造性思维？不，是提高考试分数。什么样的学生是好学生？能够进行理性对话和判断，还是能够对历史权力斗争、社会以及伦理问题提出真理性的观点？不，是考试取得高分。什么样的生活是好生活？与别人竞争，把劳动力卖给有能力购买劳动力的人，并以此所得来购买奢侈品。这种关于成功人生的内涵意义往往是由上述权威专家和"真理体系"所界定的。

生命群体"真理"的产生方式多种多样，其背后无不充满政治、伦理和权力的暗示。例如，基于19世纪有关青少年身体的"狂飙"以及"强烈的荷尔蒙"观念，青少年被相应地描述为需服从学校政策（例如，拓展阅读条目中布朗和索尔特曼的《中学批判读本》）。近年来，教育竞争被经济竞争的假设结构化后，使标准化测试教育竞争中药物的使用变得合法化。在这里，深信标准化测试的知识"真理"与社会世界的知识"真理"均受到经济领域"社会达尔文主义"竞争的支配，因此在竞争中通过安非他命类药物来帮助生命机体自我控制管理必要性的"真理"。

莱姆基强调："真理体系问题与权力密不可分，由此产生了权力策略如何促进生命知识，以及权力过程如何产生与传播知识的问题。"（119）不同团体的"真理"是不断地通过制度化的惯例产生，这些知识对生命产生了较强的物质影响，如生活标准和机遇。例如，标准化测试声称持有中立的普遍价值，被用来按等级定位不同人口，如不同种族、民族、语言群体及性别，决定其未来的不同的收入和生活水平。大众媒体机构的犯罪片和新闻节目中产生的有关工人阶级、穷人和非白人群体的"真理"，对刑事司法系统对不同人群的差别性对待产生实质影响。

四、塑造主体

莱姆基强调生命政治的第三个维度是身份构建：

> 主体化的不同形式也是生命政治的分析法必须考虑的方面，即在科学、医学、道德、宗教和其他权威引导下，基

于社会认可的对身体和性别的安排,主体的自我行事方式为何。怎样以(个体和集体)生命和健康(某人自身健康和家庭、国家、"种族"的健康等)的名义,呼吁人们为实现确定的目标(健康改善、寿命延长、更高质量的生活、基因库的改进、人口增长等)按照特定方式行事(极端情况甚至包括为此目标牺牲)?他们如何被引导去经历"值得"或是"不值得"的人生?他们作为"高等"或"低等"种族,"坚强"或"软弱"性别,"进取"或"堕落"民族的成员,又会被如何质询?(120)

莱姆基提出的尖锐问题表明,学校正在用不同方式生产和培养学生,这些方式可以让一部分学生生存,而让另一部分学生垂死挣扎。举例来说,当工人阶级、贫困学生以及有色人种学生被派遣到海外进行冒险作战行动时,专业人士阶层的白人学生则被分到大学或有安全保障的专业工作中,这并非巧合。学生们并非被强迫到如此大相径庭的领域,而是学校教育让他们认为不同人生就是要有不同的方向,好或不好都要靠自己所谓的自然能力,而不是由包括特权群体的社会结构和社会模式决定。换言之,所有学生都在学校学到了关键却错误的一课:他们在社会秩序中的地位与他们作为个体的能力有关,而与不平等地分配人生机遇的分配和筛选机制无关。

学生的这些理念大部分是他们在了解自己的语言、文化、团体,以及团体内成员身份关系的过程中,通过或直接或潜移默化的方式形成的。现在专业人士和工人阶级的学生都受企业文化的影响，这种文化要求个体努力成为成功的创业者，即学会在教育上的竞争是为了日后在劳动市场上的经济竞争。对专业阶层的学生来说，权力和利润的的吸引使其为了考试竞争，持续关注无意义的、脱离语境的知识。监狱机构和监狱产业通过提供安全设备、影响教师态度来参与教育过程，这导致越来越多的工人阶级和贫困学生成为罪犯化主体。经济使越来越多年轻人在未来的经济学领域变得冗余，这些年轻人进入了从学校到监狱的管道，同时也成为学校管理产业盈利的手段。这些例子展示了关于青年生命群体的知识产生过程，知识真理与权力、制度的融合，以及主体形成过程。

五、平等、解放的生命政治？

亨利·吉鲁的近期著作通过新自由主义的社会现实和可支配人口构成论述了当下不同生命政治学理论的局限性，即经济上冗余人口的社会遗弃伴随着新自由主义对国家看护角色的削弱。

他在《多疑社会中的青年》中主张生命政治学说必须避免宿命论和决定论倾向，相反，它应与正在不断发展的教育工作相联系，即人们在正规学校教育内外所做的生产社会主体的工作。吉鲁的作品表明，关于青年和社会的平等真理、解放真理远远不止上面这些例子所揭示的。他在"在镀金时代的阴影下：即用即弃时代的生命政治"一章中总结陈述道：

> 任何认真对待年轻人社会、道德义务的政治，都不局限于仅仅生产批判性知识和做出社会公平正义的承诺，而是还要不断努力创造一种教学环境和政治氛围以建立联盟、发起全球性改革运动。通过创建新的身份认同模式、政治主体和社会抵抗关系，为孩子创造更加人道、公平、正义的生存空间。符合全球民主利益的生命政治，与控制人们生死的政府模式和企业权力进行着斗争。（吉鲁，2010，187—188）

通过日常教学实践，教师参与有关青年知识的创造和传播，帮助青年形成主体性（即一定政治和价值认同），并肯定或质疑机构权力与这些真理知识的一致性。因此，教师应该思考上述活动或选择的背后有什么价值和原则，教师的反思性实践将有助于创造公平正义的未来愿景。

六、拓展阅读

1. Henry Giroux. *Youth in a Suspect Society: Democracy or Disposability?* New York: Palgrave, 2010.

对生命政治文献的重要补充，强调我们在一个使人失去人性的生命政治体系中能够有所作为的能力。

2. Kenneth J. Saltman. *Capitalizing on Disaster Taking and Breaking Public Schools.* Boulder, CO: Paradigm, 2007.

本书考察自然和人为灾难是如何在国际范围内把公立学校私有化和企业化的。本书还分析了居民是如何被剥夺家庭和学校

第六章 生命政治与教育

的，认为商业语言的泛滥使用是导致上述结果的主要原因。

3. Clayton Pierce. *Education in the Age of Biocapitalism.* New York: Palgrave Macmillan, 2013.

皮尔斯探讨科学产业以怎样的方式参与知识生产和青年的主体性塑造。

4. Thomas Lemke. *Biopolitics: An Advanced Introduction.* New York: NYU Press, 2011.

莱姆基的书是生命政治研究的重要文本之一。

5. Michel Foucault. *Security, Territory, Population: Lectures at the College de France 1977—1978.* New York: Palgrave Macmillan, 2009.

福柯的这些演讲构成当代生命政治理论的基石。

6. Michel Foucault. *The Birth of Biopolitics: Lectures at the College de France 1978—1979.* New York: Palgrave Macmillan, 2010.

福柯的这些演讲同样是构成当代生命政治理论基石的重要部分。

7. Michel Foucault. *History of Sexuality Vol. I.* New York: Vintage, 1980.

本书是最早详尽阐述生命政治的作品之一。

8. Gilles Deleuze. "Postscript on Societies of Control." In *Cultural Theory*, eds. Imre Szeman and Timothy Kaposy. New York: Wiley, 2010.

德勒兹的这篇论文认为生命政治与教育企业化有关。虽然它有一定价值，但它没有区分不同控制形式：经济、政治和文化控制。因此，德勒兹的观点是把权力定位为一个整体考量。

9. Enora Brown and Kenneth Saltman. *The Critical Middle School Reader*. New York: Routledge, 2005.

本书详尽阐述青年期真理的政治性和社会建构。

10. Henry A. Giroux. *Youth in a Suspect Society: Democracy or Disposability?* New York: Palgrave Macmillan, 2010.

七、讨论题

1. 为什么教育政治应与管理和生命建造有关？
2. 与青年有关的真理是由哪些专家、语言和技术"生产"的？
3. 青年如何通过真理体系成为特定类别的主体或个体？
4. 关于青年和教师的意义存在的分歧有哪些？

第七章　新自由主义与学校企业化改革

本章论述作为经济原则与意识形态的新自由主义怎样成为一场阶级冲突，同时揭示了近30年来市场至上的权力如何重构教育政策及其实施的情况。其次，本章详细阐释新自由主义被作为一种激进式政治，逐渐破坏和削弱学校教育自由和保守文化理念，并严重威胁批判型教育产生的可能性。

一、何为新自由主义？

新自由主义既是一种经济学说又是一种文化意识。作为经济学说，新自由主义提倡将包括教育在内的公共财产和公共服务私有化，提倡政府放宽对市场和劳动力的管制。新自由主义还能促进贸易自由化，通过国民经济对外直接投资使富裕国家获利，剥削贫穷国家。新自由主义支持富裕国家的财政政策，旨在将经济活动从生产活动转移到金融活动和货币政策，通过优先实现低通胀率和低经济增长，实现充分就业和更高收入，最终使投资者获益。

新自由主义完全不同于凯恩斯传统经济理论。凯恩斯理论盛行于20世纪70年代以前，该理论中，政府为公共部门的产品和服务提供资金，政府可以通过刺激消费基础以应对资本主义市场衰退。新自由主义的理论制度在实际应用中的效果与预期相差甚远。例如，尽管新自由主义言论强调削弱政府作用，但其右翼反对分子（如里根总统和布什总统）还是掌握着联邦政府膨胀的开支。然而，最主要的变化在于对军费和公司补贴的巨大投入，以及对社会服务投资的缩减。

新自由主义希望国家发挥镇压作用，同时又希望削弱国家的干涉作用。新自由主义理论在美国的两个主流政党中占有一定优势。在民主党人士比尔·克林顿的努力下，美国废除了社会福利制度和促成了破坏工会力量的快速贸易协定形成。在教育方面，共和党人士一度信奉的新自由主义对公立学校和特许学校的私有化及其实行的放宽管制制度，已经大范围地被民主党人士所接受。尽管由于新自由主义的去监管在2008年产生金融危机及由此产生经济衰退，世界范围内包括阿根廷、泰国以及智利等国家发生了一系列经济灾难，新自由主义重构产生了严重不平等现象，但是新自由主义思潮仍然富有韧性，尤其是在教育方面。

新自由主义不但是一种经济学说还是一种文化意识。新自由主义把社会看成个体的集合，这些个体首先是自力更生的经济主体、工人和消费者。新自由主义理论的核心内容在于鼓励个体用独立的思维方式思考问题，将自身视为独立个体和私人，而不是以公有方式组成的社会集体。

二、新自由主义教育制度的重建

美国的教育制度已彻底被新自由主义经济学说和理论改变，这种改变尤其体现在教育私有化方面。自20世纪90年代初期以来，不同形式的教育私有化迅速发展，包括教育学券制度（包括教区或其他类型的宗教学校）、特许学校教育及奖学金税收抵免制度。学券制度可向学生个体提供公共税收款以便承担学生就读私立学校的费用，然而教育学券制度的发展并不顺利。首先，公立学校因流失公共税收资金而导致其教育质量下降。此外，获得教育学券资助的私立学校，其发展过程同样一波三折，因为以营利为目的的私立学校任意挪用或侵占暂不运转的固定资金，甚至教育过程中的必要资金，从而使公共税收款项中用于教育服务的经费越来越少。最后，教育学券制度还曾经导致政府的公共资金被用来资助私立宗教学校，破坏了美国宪法中政教分离的传统。

特许学校利用公共税收款来资助学校开支，这意味着特许学校仍然属于公立学校，但由私人管理经营。地区学校受制于规章制度和监管条例，但特许学校则不会。校长有更大的自主性来做出试验性改革，促进学校的发展和进步，探索创新性试验教学模式。但是特许学校仍然缺少很多公立学校拥有的优势，如校车服务、特殊教育服务、外语课程，常常还缺少视觉和表演艺术教育、体育、课后活动项目等。

特许学校被视为公立学校的竞争对手。尽管没有证据可以证明特许学校与社区学校之间存在真正的竞争，但是特许学校给教育系统带来了一些竞争与选择[1]。特许学校及其资助机构花费大量资金向物质条件优越的学生家长推销自己，同时，他们还谋求慈善机构的捐款，以此来平衡少于社区学校获得的地方资助。特许学校特别依赖慈善基金，这就意味着它们的财政稳定性不如社区学校，而且它们容易受到重金投资者决策的影响。

正因如此，特许学校没能够坚守发展成为独立的、替代型学校模式的初衷，而发展成企业公益创投的可复制、可扩展的均质型学校模式。这里再次体现了把私营企业思维应用于教育的新自由主义逻辑。长此以往，创新且独立的发展目标就会被一种为了所谓的高层管理而强调同质性和可定量性的目标所取代。然而，特许学校一般不为自己这种偏离初衷的发展趋势和糟糕的成绩买单。除此之外，特许学校已经成为新自由主义者的有力武器，他们企图破坏公立学校，并且妄想用私人教育系统取代公立学校。这些学校广泛分布于整个美国大陆，共同破坏公立学校的统一制度，企图以此消除私有化过程中最强有力的反对力量。在公立学校的私有化过程中，投资商的资金主要来源于削减教师工资、减少教师聘用人数、摆脱工会权限后重新协商的工资等雇用合同条款，以及解雇经验丰富的高薪教师，转而雇用缺乏经验的低薪教师。特许学校中缺乏经验的教师要比社区其他学校教师赚的少。因此，特许学校在标准化考试中的成绩并不优于其他学校[2]。尽管特许学校承诺降低开销，但是其管理费用也比社区其他学校高得多。

奖学金税收抵免制度，凯文·沃纳（Kevin Welner）称之为新教育学券制度，是指利用国家税收抵免政策激励国民自愿放弃就读于公立学校，转而选择就读于私立学校。这种税收抵免制度促使公共教育系统的投资与就读量双双下降，进而达到扩大私有化的目的。沃尔顿家族基金会，即继承了沃尔玛公司已故创始人遗产的家族慈善机构，已大范围推行这种新自由主义策略。新教育学券制度仍然面临教育学券制度的原有困境，因为两种制度都引导国民将教育视为一种私人的消费服务，而不是公共事业。

将"市场竞争与选择"注入教育行业，这种新自由主义思潮被政界广泛支持。与此同时，一种"创造性毁灭"的私营教育模式已被广泛接受，有些学校可以"被歇业"，有些学校可以将"歇业"的学校取而代之。这种关系到学校是"开门"还是"关门"的制度被称为投资组合模式，该模式把学校教育运营系统对外承包给私人公司，取消教师工会，更换教育管理机构和教师，从而降低教师工作期间的保障。

对于拥护这些私有化项目的新自由主义人士来说，办事效率低的官僚主义公有部门应受到市场约束。这样看来，公立学校由来已久的问题的根源就在于其公立的属性。这种说法同样有待商榷，因为有史以来发展最差的公立学校往往都是受限于投资缩减，而最好的学校仍然是公立的。有时那些关于穷人和工人阶级学校的描述存在欺骗性，在全球标准化考试系统（如OECD国际学生评量方案）中，美国公立学校系统仍有一定的竞争优势。大卫·伯利纳（David Berliner）早已指出，公立学校办学失败是一种人为的危机，这为教育私有化和对困境中的公立学校减少资助提供了借口。

新自由主义理论中"公立学校教育的失败"所隐含的重要事实是公立学校教育属于公共资源,并且不同阶层对学校应该做什么持有不同看法。此外,这种新自由主义认为应该给学校、教师以及管理者们注入市场机制,因为在他们看来,学校面临的主要问题就是缺乏约束力和问责制度。这种观点趋向于将教师教学从教学环境大背景下分离出来。例如,成功的公立学校更愿意录取父母收入水平高、工作体面、家庭享有大量社区支持率且遵纪守法的生源,同时,糟糕的公立学校一般接收家庭条件在贫困水平以下、父母失业率极高、家庭缺乏社区支持且前科较多的生源。由于这些家庭缺少社会的帮助,他们便会从事倒卖黑枪、毒品等非法勾当来维持生活。此外,由于父母一代均贫穷且失业,便更容易导致子女一代因缺乏教育而造成心理抑郁,使他们觉得自己的未来会与父母一样,没有任何希望。

换句话说,穷人和工人阶级社区的教师所面临的挑战并非由他们自身造成的。一位新入职教师很快会发现,城市在不断工业化,很多职业都被外包给公司,改善公共住房质量的投资越来越少,城市面临种族隔离。"教师只要有正确的教学方法就可以改善现状"这一说法荒唐至极。教学往往被要求脱离社会现实,而不是把教学和社会环境有机联系起来,这进一步加剧了问题的严重性。只有与社会环境紧密联系的教学才能重新阐释这种现状,并且可以重新改革社会环境与教育系统,共同回归教育的优良传统。约翰·杜威(John Dewey)称其为"创造性民主"。

三、利益动机

对公共教育制度进行新自由主义重建的部分动机在于让以营利为目的的教育企业和教育投资者有利可图。例如,市值数百万美元的营利经营企业部门(如教育管理机构)高度关注14家大型教育管理机构,这些企业掌控着七成以营利为目的的学校资源[3]。以营利为目的的教育管理机构大部分与特许学校运营商(占94%)签署合同,而非通过地域管理学校,这说明特许学校的创办会推动私有化进程。以营利为目的的出版企业,尤其是大型出版企业,如培生集团、麦格劳希尔集团及美国教育考试服务中心等,都会出版教学用书和考试用书。这些企业共同推进、扩大标准化考试的范围,扩大标准化课程规模,并从中获利。出版企业以其强硬的手段游走于州立法程序和国家立法程序边缘,同时兼并其他大量教育营利企业,从玩具制造企业到在线服务企业,再到特殊教育补习机构及教师资格考试辅导机构。以营利为目的的教育企业与媒体企业的联系越发紧密起来,如德国出版公司贝塔斯曼和新闻集团之间的联系就尤为紧密。以营利为目的的教育企业与其投资人把每年花费在公共教育事业上的6000亿美元看成是一笔可供挖掘的巨大财富,还把"教育产业"比作国防、通信和农业。

四、理论动机

新自由主义的教育私有化除了有利益动机以外还有强大的意

识形态因素。新自由主义理论将教育看成私人商品，其目的主要是为经济生产和准备工人与消费者，而非为民主社会提供服务的公有财产。这种观点以极端个人主义和社会达尔文主义思潮的观点来诠释社会。个体首先要明确自己作为与他人竞争稀缺资源的经济施为者身份，这种观点下，学校教育应以教育竞争为导向，为经济竞争做准备。首先在国内与同行业人士竞争，然后在世界平台上与他国竞争。知识被誉为消费物品，可由学生以高效或低效的方式投递或消费。

大多数有能力的新自由主义教育投资人和筹办人都来自大企业的所有者。由于私营部门为他们的根本利益服务，因此这些大企业家坚信私营部门应成为公共部门，尤其是公共教育的榜样。实际上，许多其他新自由主义教育制度的支持者，尽管没有经营企业，但是已经在接受这些投资人和筹办人提出的框架和设想。随着媒体宣传势头的扩大，这种理念逐渐普及。因为民主党和共和党在财政方面越来越依赖大赞助商，所以政府在立法过程中更偏向于私有化，如把公共部门财产廉价出售给投资人，推进财政紧缩措施的同时强制国家加大力度采用递减税和差别巨大的税收政策。这些做法无疑将加速普遍私有化进程。

新自由主义教育制度的重建不可能解决公共教育遗留下来的所有主要问题。特许学校和教育学券等私有化产物没有正视种族隔离现象和社区学校白人大迁移的问题。相反，它们加剧了种族隔离制度，甚至还采纳了种族隔离教育制度。公立学校改革本应以消除种族、人种、语言和阶级方面的隔离为目标，并广泛承诺实行更包容的平等和民主。此外，新自由主义改革（包括私有化、高利害考试、标准化课程和抨击工会）没有对长期以来存在的公共校区之间极不平等的资金投入有任何改善。事实上，新自由主义强调的"成绩论"不仅限制了课程和学习过程的知识探究性，而且过去二十几年来教育与资本的结合让穷人更穷，富人更富。

历史上美国义务教育拨款一直被作为平衡基金使用，而该基金已被重新用来惩处那些标准化考试中成绩没有进步的学校和学生。新自由主义过分强调量化结果，这种趋势促进形成反智主义，即把知识从大背景、从历史争论和解释中脱离开来。新自由主义同时对文化保守议程具有自然的亲和力，即学生学习"正确"的教条化知识。以营利为目的的美国K12国际教育集团支持该观点，该公司宣扬用保守的观点对待历史和文学问题，并通过承诺提高成绩和利用在线平台技术的吸引力向特许学校和居家教育领域兜售其平庸的产品。美国K12国际教育集团的两位投资人E.D.赫希（E.D. Hirsch）和威廉·班内特（William Bennett）向来支持保守的文化传统。这种保守文化不支持把学习过程视为对话及对知识生产的批判的观点。新自由主义知识观模糊知识的社会价值，把知识视为让人敬畏的可传递客体。

五、结论

随着新自由主义私有化和学校企业化重组的发展，一种新型两级教育系统应运而生。传统公立学校教育系统面临资金失衡、种族隔离、反智以及反批评的问题，而新自由主义教育重组加剧了这些问题的严重性。然而，教育一体化、教育资源平等以及批判性学校教育正在推行，并且将继续实行。对新型两级教育系统的挑战不能仅限于学校教育，而是必须与更大的社会运动背景联系起来，以实现更好的民主管理，并反对公司力量对经济、政治及文化系统进行控制。

六、拓展阅读

1. David Harvey. *A Brief History of Neoliberalism.* Oxford: Oxford University Press, 2007.

该书也许是最有见解和最有影响力的新自由主义著作。

2. Kenneth J. Saltman. *Collateral Damage: Corporatizing Public Schools-A Threat to Democracy*. Lanbam, MD: Rowman & Littlefield, 2000.

该书为美国新自由主义公立学校教育重组的早期分析。

3. Robin Truth Goodman and Kenneth Saltman. *Strange Love Or How We Learn to Stop Worrying and Love the Market*. Lanham, MD: Rowman & Littlefield, 2002.

该书聚焦新自由主义文化对学校课程、文献和流行文化的影响。

4. Kenneth J. Saltman. *The Edison Schools*. New York: Routledge, 2005.

该书是对美国最大规模的营利教育管理组织（现名爱迪生教育）进行的研究。

5. Kenneth J. Saltman. *Capitalizing on Disaster: Taking and Breaking Public Schools.* Boulder, CO: Paradigm, 2007.

该书讲述自然与非自然灾害如何被作为新自由主义教育政策的依据。

6. Kenneth J. Saltman. *The Gift of Education: Public Education and Venture Philanthropy*. New York: Palgrave Macmillan, 2010.

该书详细介绍企业慈善家在新自由主义下的行动议程，如盖茨基金、布罗德基金以及沃尔顿基金，阐明其与传统慈善的异同。

7. Kenneth J. Saltman. *The Failure of Corporate School Reform*. Boulder, CO: Paradigm, 2012.

该书简述新自由主义教育重组失败的原因在于其自身降低成本与考试成绩提高，以及在于公共民主价值观。本书将新自由主义教育的政治经济视角与文化政治联系起来，并将其置于全球化角度之下。本书建议通过新普遍学校运动重新思考教育的价值（更多信息详见该书第十一章）。

8. Henry A. Giroux. *Education and the Crisis of Public Values*. New York: Peter Lang, 2010.

该书从批判教育学角度对新自由主义教育政策提出了严厉批评。

9. Henry A. Giroux. *Against The Terror of Neoliberalism*. Boulder, CO: Paradigm, 2004.

该书从9·11事件入手，探讨新自由主义、军国主义和国家安全三者之间的共通之处。

10. Pauline Lipman. *The Political Economy of Urban Education.* New York: Routledge, 2010.

利普曼对新自由主义教育重组进行深入分析，重点关注芝加哥。

11. Lois Weiner and Mary Compton (eds.). *The Global Assault on Teaching, Teachers, and Their Unions.* New York: Palgrave Macmillan, 2008.

12. David Hursh. *High Stakes Testing and the Decline of Teaching and Learning.* Lanham, MD: Rowman & Littlefield, 2008.

从个人维度对考试在新自由主义教育重组中的中心地位进行批评。

13. Michael Apple. *Educating the Right Way.* New York: Routledge, 2001.

阿普尔介绍了极力影响公共教育的右翼运动，包括新自由主义、新保守主义、右翼宗教团体和威权民粹主义者。

14. David Gabbard. *Knowledge and Power in the Global Economy*, 2nd ed. New York: Routledge, 2007.

该文集收文广泛，其中大部分涉及新自由主义教育的许多方面。

六、讨论题

1. 如何理解新自由主义是一种经济学说？它在公共教育中如何发挥作用？

2. 如何理解新自由主义是一种文化意识？它在公共教育政策和实践中如何发挥作用？

3. 为什么"新自由主义"这个词在大众传媒新闻和流行文化中很少使用？

4. 将公共部门产品和服务视为私有有哪些危害？

5. 公共领域的独特性是什么？为什么我们要捍卫并加强民主社会中的公立学校？

注释

1. 大卫·伯利纳博士的大量学术研究揭开了人为制造的危机，以及通过私有化和高利害考试注入市场竞争的误区。
2. Kenneth J. Saltman, *The Failure of Corporate School Reform* (Boulder, CO: Paradigm, 2012).
3. 详见加里·迈伦等，《"营利和非营利教育管理组织概况"，2010—2011年第十三次年度报告》，国家教育政策中心，2012年1月；可登录网址http://nepc.colorado.edu/publication/EMO-profiles-10-11查询。

第八章　当前教育改革中的性别政治问题

自20世纪90年代初以来，学校市场化改革在美国急速扩张。在第七章中，我们已经讨论过新自由主义教育重组的扩张情况，而性别问题是其中极其重要的一个问题。然而，关于性别中心性的讨论却鲜少出现在学术探讨和大众媒体关于教育改革的报道中。关于教育的主流表述话语中有一种性别潜台词，具有微妙而强大的解释力和象征力。本章阐述贯穿当代教育改革过程中针对女性的物质性和象征性"战争"。教育改革的性别潜台词是不平等的性别劳动力，是由来已久的男人理性、女人感性的刻板印象。本章同时通过话语述行性介绍对性别不平等的学术讨论。

一、教育领域的女性物质性"战争"

在广义的美国经济背景下，妇女的工资仅为男性的77%，同时她们大多还要站好"第二班岗"，即无偿的家务劳动。这种差异在有色人种和少数族裔人群中更为显著。女性教员，无论从事幼儿园到大学中何种层次的教育工作，收入总要低于男性同行。更重要的是，受教育水平低的女性人数过多，而教育水平较高的女性人数偏少。女性教师及教育管理人员的分布也呈现类似情况。教育阶梯上的地位越高，担任领导和教学职务的女性就越少。

此外，与历史话语中关于男人和女人的刻板印象类似，教育学科的划分也具有性别特征。哲学等重理性的学科领域或物理等纯科学学科大多排斥女性，而其他涉及所谓女性关爱和情感类的学科，如护理、社会工作和早教等，女性从业人数超过男性。商业领域遵循相似的性别模式，女性从事与欲求、人际关系相关的"软性"市场营销和组织行为领域，而男性主导"硬"数字的金融领域。主流学校改革包括私有化和标准化考试，改革承诺使劳动力队伍更具包容性，而改革家并未解释增加考试和扩大私有制究竟如何改变私有部门历史遗留的性别歧视问题。

二、教育领域的女性象征性"战争"

自20世纪90年代学校市场化改革盛行以来，性别隐喻结合了商业隐喻和军事隐喻。当企业文化应用到教育领域时，新自由主义私有化的倡导者使用了隐含男性化和身体"管教"的隐喻。新自由主义教育改革呼吁市场这双无形的手运用强硬的规则来引导竞争和选择。在这个框架下，教与学的基本问题源自对个体失范教师的规范，这些教师需要灌输和强化"正确"的知识。

盖茨基金会等美国主要的新自由主义教育改革机构试图将焦点从教育质量的考量转移到教师个人的质量评估，并鼓励在教师岗位采用商业规训的方法来强制教师选择所谓的"一刀切"式最佳教学方法。"联邦军转教"项目已稳步展开,试图将士兵培训为教师和教学行政人员。该项目倡导如下理念:学校需要军事化的纪律,涉及女性和看护工作的工作场所需要强有力的威权男性。"布罗德督学学院"等教育领袖项目推广企业和军事领袖作为教育管理的楷模。这一项目从企业和军队招募未来的教育督学,同时从这些机构吸纳演讲者和教师。这种项目隐含这样一种假设,即市场竞争这种强硬的、阳刚的准则和战斗精神能够强化"正确"的教育方法和"正确"的知识。

不仅布罗德督学学院这样的特殊项目,还有隐喻本身也深化了特定的教育理念和社会价值。这些价值观包括预设学校和社会存在等级和专制的社会关系。"好父亲"(即便他是一个女人)必须掌控下属,而下属也必须服从他的权威。这些价值观还包括假定知识是自上而下强加的,与权威保持一致,而不是对话和交流的结果。也就是说,学校和社会的民主社会关系及参与者平等开放交流的理念应由学校来培育和践行,即知识的有效传递应视为学生对单位知识商品的被动消费。据此观点,那些看不见的当权者,用无所不在的目光,通过考试等所谓的公正控制系统,对学生和教师进行衡量、评估或者"问责"。

三、基于性别的理性与经验之分:一种教育政治策略

在诸如私有化和所谓数据驱动教学等主流改革中使用男性化

比喻，交织着据称为中立、客观和具有普遍价值的课程推广，它们可通过标准化考试和课程来量化和追踪。按照这种说法，教师暂且不提，学生的主观经验是学习的真正阻碍。感觉、情感、个人经历及个人反思被当作与学校所教所学毫不相干。个人和集体经验与所学所知完全脱节。主流框架的真正知识被认为是客观而非主观的，与心智而非身体有关，与理性而非感觉有关。

这一框架重复了一个古老模式，即男性气概与思维、理性、能动性、普遍性等特质一致，而女性气质与身体、情感、被动和特殊性等特质一致。重复这种古老的框架存在着巨大的政治风险。例如，85%的芝加哥公立学校学生生活在贫困线以下，他们均为有色人种，其中非洲裔和拉丁裔学生居多。学生们忍受贫穷的负面效应，如饥饿、流离失所，社区系统性撤资引发失业，以及基础设施缺乏支持。他们也承受贫穷带来的心理压力和政治遗弃，不单单是无助、沮丧和绝望，还有行动受限之感。对他们来说，未来的出路很有可能是参军、入狱或加入帮派。主流教育观点认为，学生的这些主客观因素应该被忽略，教师应通过最有效的教法强化所谓客观和中立知识。

然而，学生的经历在许多方面值得重视。首先，学生为什么需要受到激励？城市学校辍学率高的部分原因是学校教授的官方知识通常与学生的真实生活经历或未来所期的工作没什么关系。其次，假设学校教学拟从学生经验开始，那么需要一种根植于经验的、有意义的教学法和课程设置，以帮助学生推理、阐释甚至改变自身的经历和环境。在批判教育视角下，经验不是学习的真正障碍，经验也不是文化缺陷的基础，而是自身转变和社会变革的起点。这并不是说经验是可信任的透明真理，经验可说明一切，或所有的经验都是真实的。可悲的是，这样虚假的推测频繁出自教师或管理人员之口，特别是他们解散学术研究或废除教育理论的时候，认为学术研究、教育理论和"一线课程"或学习的"真实世界"相互矛盾。经验很重要，但必须始终加以解读。一部分学术传统不仅教授学生知识和事实，还为他们提供了阐释和重建社会现实与社会斗争的工具。

有一种保守政治倾向反对学生经验，理由是它与真正的学习无关。这种否认使学生误以为自己的经历与更广泛的社会整体性无关。也就是说，它诱导学生认定自身经验在学校的官方知识体系中毫无价值和意义，而官方知识又是重要的。低估学生经验极大地削弱了学生的能动性，因为学生们认识到他们从经验中学到的东西不能对权力机构产生影响。工人和贫苦阶层及有色人群的学生意识到，他们应该忽视或放弃自己基于经验的认知，例如饥饿和过度饮食、贫穷和特权、暴力和安全、公正和偏颇、尊重和轻慢、包容和排外、种族和种族主义、文化边缘化和价值稳定，而不是把经验视为要求审视的对象，把课程和课程教学视为能够为深入理解经验提供见解的地方。

当代教育改革再现了殖民时期长期以来要求文化和语言同化于当权群体的传统，要求放弃个人和群体差异，更重要的是拒绝使用理论和智力工具来解释这些经验的个人、社会意义和影响。依据主流教育改革的逻辑，文化差异只在鉴别"成绩落差"时才能识别。但是这样的问题框架重申了一种假设，即存在一种普遍的、有价值的知识体系，而这个知识体系与个人经历无关。

近年来，教师教育项目沿着相似的方向推进，强调教学方法课程和所谓的"内容为依托"课程的结合（将学习主体从教学方法论及学科理论中相分离），让学生更早进入教育实习。此种做法的假设是学校的经验本身有足够的价值，不需要理论化。这引起学生贬低社会学、哲学、历史和教育政治学等基础课程的趋势，但恰恰是这些基础课程为教学候选人提供了理解自身在学校和社区经历及自身过往的工具。这种实用主义无视教育的公共性和批判性，而努力将其技术化和官僚化。它还延续了长期以来性别歧视的传统，将妇女和女孩定位为教育机构的附属品，同时拒绝认真考虑妇女和女孩面临的具体问题和困难，包括从不平等的工作条件到家庭暴力和象征暴力等问题。

四、包容性与学校至工作的历程

尽管女孩在标准化考试中的成绩历来总体上落后于男孩，但21世纪初她们在标准化考试界定的传统学业成绩中却追平甚至超过了男孩。女孩总体上在数学和纯理科等学科的表现有强过男孩的趋势，而10年前美国大学妇女协会（AAUW）认为这些学科是女孩的弱势学科。也许正是基于此原因，21世纪初的教育改革侧重种族、民族和社会阶层方面而不是性别。然而，如果按种族、民族和社会阶层划分，这些所谓的成就是不均衡的。工人阶层和出身贫苦的女孩、非洲裔和拉丁裔女孩的考试成绩远不如白人女孩成绩好。

在过去20年间，新自由主义改革强调的观点均是教育服务于经济，误导大众将此种服务定性为普遍受益的而不是优先服务那些最具经济实力的人或拥有大公司和产业的人。新自由主义者提倡教育的目的是通过资本主义经济促进个体经济的流动，促进全球经济中的国家经济竞争力。然而，新自由主义教育改革很少提及国内和国际劳动市场持续存在的性别歧视，无论是女性从事男性体力劳动的低可能性，还是管理和专业工作的性别"玻璃天花板效应"，或是大量新进女护士在护理岗位持续遭受的歧视，以及全球范围内从事纺织、电子和科技领域妇女工作受到的重度剥削。换言之，新自由主义教育改革有很多说辞，比如教育机会带来经济机会，这与劳力市场性别歧视的现实并不一致。

如果我们认真看待新自由主义对教育服务于经济的关注，同时也认真对待平等、正义和公平的民主价值观，那么我们会意识到教育系统和工作岗位的性别包容度是不够的。简单说来，在国内和全球范围内，男女平等地获得劳动机会并不代表实现了教育公正的目标。无论在现实层面还是象征性层面，劳动力的组织方式需要进行变革。护理工作不应被视为家庭的延伸，不应被视为"实体经济"的边缘，也不应被视为没有技术含量。我们也必须考虑，如何让一些社会必需的共同劳动服务于公共利益而不是所有者的个人利益。这就引发了一个问题：民主教育如何通过向学生传达共享工作、共同利益的价值观，为实现更平等的社会安排奠定基础。

关于教育和性别的学术研究存在几种盛行观点。德博拉·布里兹曼（Deborah Britzman）和伊丽莎白·埃尔斯沃思（Elizabeth Ellsworth）等学者倡导的女性教育分析借鉴了拉康精神分析观点，研究学校如何固化或者否定教师和学生的意义与身份，提醒读者意义和身份一直在发挥作用，而且它们只是暂时固定的。由此看来，教师的作用就是打破意义的封闭，促进开放的阐释。这些见解对于评价、理解学生和教师身份经历非常重要。然而，从这一角度出发的一些学者，如埃尔斯沃思和查尔斯·宾厄姆（Charles Bingham），具有一种教育权威观，倾向于将其与威权主义相联系。换言之，这个观点假设老师的解释具有明晰性和指导性，即使是通过理性来证明观点的合理性，也成其为对意义的粗暴封闭。这样的观点放弃了教学权威，但同时也忽略了广义话语如何引导阐释过程。在没有良好的教师干预情况下，教育工作无法触及意义产生的系统性和制度性，以及具有教育作用的各种政治经济利益与意识形态。这种试图把教学从规范的政治与伦理项目中抽离出来的观点，对新自由主义以教育机会获取经济机会的错误承诺，并未做出任何回应。

五、性别操演主义

在人文科学中，操演主义理论是一个应用较广的性别批判理论。教育领域相关学者包括亨利·格鲁、罗宾·图斯·古德曼、斯蒂芬·鲍尔和德博拉·尤德尔。当代性别操演理论衍生的身份形成理论受朱迪斯·巴特勒（Judith Butler）影响最深，其理论来源于茱莉亚·克里斯特瓦、杰克琳·罗丝、莫妮卡·威蒂格、西蒙娜·德·波伏娃、琼·里维埃、盖尔·卢宾、雅克·拉康、米歇尔·福柯、弗里德里希·尼采和格奥尔格·黑格尔等哲学家。

操演主义强调社会互动是施为操演，身份也是在操演和建构中形成的，而非本质的、真实的、先于行为的状态。巴特勒后解构主义语言学倾向的操演主义理论认为，行为即存在（行为之前不存在行为者），我们的行为因话语而更有活力，话语即广义上的思想、意义生成实践、制度意义、叙事与合法化实践的集合。作为一种社会建构，"自我"身份是通过话语"表达"形成的。

这种自我观点有别于常见的关于自我的假设，即话语行为将自我从个人独有的真理的包袱下释放出来。依据性别操演理论，性别是一种行为建构，性别话语是社会历史的产物。每次我们说话或行动，都是在再现性别规范，但每一次我们都会赋予它新的意义。例如，当时装模特穿着女装时，她们复制了代表女性含义的规范，但同时也将"女性"的符号推向了不同的语境。变装皇后也是如此，他们投射出一种女性化的理想，既鲜明地揭示了女性化的内涵意义，又揭示了"真实的自我"并不存在，以及女性气质隐藏了其所标示的东西是不稳定不固定的事实。

性别符号和标志在人们幼年时期就得到教导和熏陶。穿粉衣或蓝衣的婴儿知道自己漂亮或强壮等。这样的意义创造实践区分了主体的性别。性别真的是一个过程，不同性别主体是在家庭、学校、教堂、媒体、司法系统、军队等不同机构的示范中形成的。因为性别是一种操演，故有时其体现出明显的社会建构和脆弱特征。例如，纪录片《巴黎在燃烧》描绘了20世纪80年代纽约市的易装舞会，那里男人和变性人呈现了极端的女性化表演，有时会让人想起著名的女明星。男同性恋打扮成军人、学生、商人甚至普通人。该电影引发下列问题：他们天衣无缝的女性表演是否证明这些男人比女人更具真正的女性特质？这些变装皇后如果穿上男装是否会将男性符号注入些许不同的内容？巴特勒对这部电影的评价是，它挑战了生物性别和社会性别相一致的说法，暗示生物性别因社会性别才具有意义。

这种观点与将性别等同于生物性繁殖能力的一般看法不同。身体及其器官的生物差别只有通过历史形成的社会差异和区别关系才有意义。由此人们不禁会问，哪些生理或者非生理性别差异在文化范畴化中起到了重要作用？为什么？正如斯图尔特·霍尔所指出的，性别作为一种社会建构与种族作为社会建构有很多共同之处。没有事实能够证明性别或种族能最终建立在生物差异或特定象征基础之上。巴特勒的操演主义提出了一种强烈的个体能动性观念（能够改造和塑造社会及象征世界的观念）；当个体复制已经存在的性别符号，他们也就赋予了这些符号新的符号意义。性别作为一种松散的话语建构，意味着我们都离不开性别，但是像所有语言一样，个体在建构何种意义方面，总是具有发挥创造性的可能空间。

六、结语

作为一种行为操演，身份建构与许多当代学校存在的问题相交叉，诸如性别建构、性别霸凌、性别教育，以及历史、英语、社会研究和科学等学科方法问题。教师和文化工作者如何处理学校内外的性别问题意义重大。通过文化范畴的教授和学习，形成特定性别和种族主体。一方面，维持和复制现存的性别等级需要大量的教学工作；另一方面，否认和推翻这些通过教育形成的主体性和自然化的虚拟范畴也同样需要大量工作。批判教育学的一项重要任务就是突破生理性别、社会性别和种族的局限性和狭隘视角，如同解读文本一样去理解它们，质疑其自然性和必然性，调查性别实践、种族实践及意义如何与广泛利益、权力关系和体制形成联系，并构想相应的改革措施。对性别与权力关系，性别与机构关系的深入调查能够为教法实践、反教学法和社会活动奠定基础，以此创建一种全新、公正和自由的机制和社会安排。

七、拓展阅读

1. Judith Butler. *Gender Trouble*. New York: Routledge, 1991.

此书是有关性别操演理论最具代表意义的著作。书中谈到，不应将性别理解为基本生物性别功能的社会建构，而应将性别看作一个性别操演结果的话语结构。

2. Judith Butler. *Undoing Gender*. New York: Routledge, 2004.

此书是继《性别烦恼》(*Gender Trouble*)之后又一本关于性别和操演理论的文集。

3. Michel Foucault. *History of Sexuality,* Vol. I. New York: Vintage, 1980.

这是一本独创性的作品,开性别话语建构的先河,解释了权力的忏悔技术并探讨了生物政治学的理论。

4. Robin Truth Goodman. *World Class Women*. New York: Routledge, 2004.

这是一本涉及女权主义教育学和文学研究的重要作品。

5. Deborah Britzman. *Lost Subjects*, Albany: SUNY Press, 1998.

此书重点介绍从拉康精神分析的角度来看教学。

6. Deborah Britzman. *Practice Makes Practice*. Albany: SUNY Press, 2003.

7. Elizabeth Ellsworth. *Teaching Positions*. New York: Teachers College Press, 1998.

此书重点介绍从拉康精神分析法角度探讨教学的"不可能性"。

八、讨论题

1. 为什么女性在职场的收入持续低于男性?
2. 什么是针对妇女的象征性战争?
3. 主流的教育改革为何未能解决性别不平等的问题?
4. 性别操演理论与其他更常见的性别概念有何不同?
5. 性别批判教育方法有什么要求?它与主流教育趋势有什么不同?

第九章 全球化与教育

本章讨论美国面临的新自由教育结构重组如何成为一种对各国公民来说均是高利害性的全球现象。这也为全球范围内企业接管公立教育奠定了基础。

一、全球企业式教育

在富裕的国家，企业、政府、智库和顾问已经成功地将公立教育私有化、去管制和企业化到了史无前例的的程度。国际货币基金组织、世界银行和世界贸易组织等国际组织在贫困国家推广营利性教育模式，驱使教育发展从创办公立学校走向私有化。在那些企业眼中，从数十亿美元规模的教育产业获取利益的时机已经成熟，而在这个过程中存在着巨大的物质和意识形态斗争。

在致力于打造和主导基于营利性学校服务的未来全球市场方面，克里斯托弗·惠特尔（Christopher Whittle）是一个成功的案例。克里斯托弗·惠特尔创建了一所美国精英私立学校——爱文（Avenues）世界学校。他计划利用该品牌在贫困国家销售以营利为目的的线上学习课程。惠特尔把他的教育事业比作在飞机场销售行李箱，计划仿照美国大量以营利为目的的教育管理产业建立一个集中的全球教育市场。[1]另一个瞄准全球教育市场的联合大企业是知识天地（Knowledge Universe）公司，该公司由垃圾债券重罪犯迈克尔·米尔肯（Michael Milken）创建。他并购了许多营利性教育公司，包括线上网校K12公司，成为美国最大的教育管理组织，同时在新加坡扩张营利性高等教育[2]。诸如新闻集团（News Corp）和微软（Microsoft）等跨国公司也像英国培生（Pearson NCS）和麦格劳希尔（McGraw-Hill）集团等出版巨头一样，积极开展营利教育项目。麦肯锡咨询公司（McKinsey Consultants）等顾问公司在英国、美国及全世界采用私营部门的方法进行教育改革。超国组织、企业和智库正致力于通过政策宣传和媒体兼并来阻止像印度这样较贫穷的国家普及免费公立教育，然而这些国家正是急需公立教育的地方。

普及的免费的公立教育很有必要，因为它有助于培养公民的读写能力与批判能力，这有利于公民全面参与政治，发展科技，为摆脱发达国家的控制、赢得民族独立而斗争。简而言之，公立教育为自由、公正和繁荣的社会创造条件。教育私有化的发展意味着富人受益而穷人受损，然而每个人都有责任以税务形式在公共服务上花掉宝贵的财富。与此同时，名人、记者、政治家和慈善家参加的非政府机构和企业媒体将公立学校教育描述为失败或不可能的事情，并把富人看作是唯一能够通过营利性学校教育拯救穷人的人。

二、超国组织

美国主导的几个有实力的国际组织一直致力于同时进行两项工作：一是破坏穷国的公立教育发展，二是促进这些国家的营利性学校教育发展。世界贸易组织（世贸组织）代表跨国公司，并根据新自由主义经济观点制定了各国的贸易规则，尤其是以企业贸易规章代替国家贸易规章，这种企业贸易规章允许私营部门的服务供应商在市场上竞争且不保护贫弱经济体的产业。最重要的是，这种企业贸易规章不区分公共非营利性和私人营利性教育活动。世贸组织的前身关贸总协定将所有教育服务都视为私有教育服务，不论公立还是私立都是一样，从而迫使所有公立教育系统与营利性公司进行市场竞争。

这项政策影响巨大。它根除的正是教育是普遍的免费公共产品，旨在为大众利益服务并培养参与型国民的思想。相反，这个政策下的教育只能是瞄准利益最大化的商业活动，并同化学生，为学生向私营经济靠拢做准备。关贸总协定使北美或欧洲国家面临来自外国教育企业的市场竞争。外国教育企业可以聘用来自贫困国家的教师，而且他们的薪水是按照国内薪酬标准支付。关贸总协定为严重剥削国际教师铺平了道路，它也为富裕国家的大型跨国公司提供了在贫困国家进行私有化公立教育的舞台，通过标准化课程和教学方法，统一教学内容和大规模教育产品的销售和生产，实现最有利可图的规模经济。这样的制度破坏了地方自治，同时以利润形式从教育过程中撤去公共资金。与世贸组织实施的所有"自由贸易"基础设施一样，发达国家迫使发展中国家开放边境，从而倾销自身的廉价产品和服务，破坏当地的基础设施，从而实现经济效益最大化。一旦当地基础设施被打垮，最典型的现象就是外国公司哄抬价格。

三、国际货币基金组织/世界银行

第二次世界大战结束后，同盟国在布雷顿森林协定会期时建立了世界银行和国际货币基金组织。这些机构本来的目的是帮助重建饱受战争蹂躏的国家，但它们也旨在推销一种美国青睐的特定发展形式，即资本主义经济与民主自由的选举政治相结合。这种发展形式的定位是针对苏联的一党制国家和计划性的中央集权经济。然而，美国模式通过阻止更直接的政治民主形式和经济体的参与形式，也起到了保证政府结构的作用，而政府结构是服务于美国权力精英的政府。20世纪80年代，世界银行和国际货币基金组织将重点转移到促进所谓的华盛顿新自由主义共识上。华盛顿新自由主义共识涉及私有化、市场放松管制以及外商直接投资补贴。

世界银行和国际货币基金组织在20世纪80和90年代扩大贷款规模，导致第三世界债务负担大幅加重。20世纪60年代，随着摆脱殖民统治的民族独立运动席卷非洲，先前的殖民地资金极度匮乏。世界银行和国际货币基金组织以高额利率贷款给这些新兴国家，并且还有所谓的结构性调整贷款条件。这些条件要求借款国使国家基础设施私有化并且将其卖掉，同时开放进口商品的贸易壁垒并允许外国公司进入国内市场。这些政策对经济、公民和公立制度，包括公立教育的影响都是十分恐怖的。

因为国家对外举债，它们欠国外银行的钱就会越来越多，而且国内生产总值并没有花在医院、学校、道路以及其他公共基础设施上，而是用来偿还高利率贷款。随着贸易壁垒降低，一些财力雄厚的外国公司涌入这些国家低价倾销商品，将本土产业逐渐逼退出市场竞争。一旦本土产业消失，他们就会抬高其低质产品的价格。

牙买加就是一个典型的例子，该国廉价进口奶粉对其鲜奶产业造成了毁灭性打击。当最后一批奶牛被做成牛肉饼，进口奶粉的价格就升高了。由于结构调整带来的经济破坏，牙买加开始与国际公司竞争，吸引低薪工作者。例如，牙买加开设了金斯顿和蒙特哥湾免税区，该区免税工资每小时不到1美元，却在为美国市场做内衣、电话营销和编辑教材。在这些免税区，运营企业无须付税，因此牙买加的学校、公路管理部门和医院没有从这些业务中获得任何收入。简言之，结构调整政策导致债务恶化，学校等公共产品与服务被摧毁，地方生活水平降低，以及在这种绝望条件下人们为生存而举债。

当前，世界银行的教育"发展"计划促进的不是免费、普及的公立教育的发展，而是私立的、以营利为目的的和付费教育模式的发展。世界银行的建立受英国教育学家詹姆斯·图利（James Tooley）的影响。他主张只有迫使贫困学生付费上学，他们才能与教育有"利害关系"。他在自己的著作《美丽的树》中表示，他设想的是贫穷国家的学校未来将像美国快餐业的模式一样运作。[3] 不幸的是，图利和世界银行摒弃使用世界银行的金融权力和影响力来引导和资助国家扩展公立教育服务，而是选择助推教育私有化进程。

这些国际性非政府组织与美国国际开发署（USAIO）、盖茨基金会、克林顿全球倡议项目等国家人道主义组织形成了苏珊·罗伯逊（Susan Robertson）和史蒂芬·鲍尔（Stephen Ball）等国际比较教育学者所称的教育全球治理领域的转变。也就是说，这些组织尽管只受到少数政治和财政精英的控制，却能决定涉及绝大多数公民的教育政策。这是一种明显的反民主制度。

就企业性慈善而言，在教育治理的转让方面存在不公平和反民主的经济维度。盖茨、沃尔顿、布罗德和皮尔逊基金会等慈善基金机构由于享受公共税收补贴才能成立。在这种补贴政策下，政府放弃对其征税，从而使富有的捐赠者和公司免交所得税。这些捐赠者于是就可以把钱放入他们自己的基金会，以此控制、左右和影响教育政策。在某些情况下，这种影响是巨大的，如盖茨基金会有扩大特许学校的能力和对学校改革采取企业性质的"周转"策略。结果，公众放弃了诸如教育等公共商品和公共服务的控制权，获得控制权的少数慈善机构还获得了公众的补贴。这种有补贴的去民主化在营利性媒体中被塑造成富人的慷慨、关心和善意，而不是对公共部门的"绑架"。

四、美国国际开发署

美国国际开发署等国家性人道主义组织参与了世界各地所谓

的民主促进项目，这些项目往往是展示美国的实力与其对政治进程的影响。在其教育发展活动中，该署的工作侧重于发展经济和扩大资本主义阵营。美国国际开发署由一位前盖茨基金会领导人领导，与盖茨一样强调绩效成果、活动的可衡量性，以及放弃支持那些效果不易量化的教育项目。盖茨基金会一直大力支持公立学校私有化，其形式是特许学校扩张和教育领导的公司模式。美国国际开发署与右翼胡佛研究所研究员埃里克·哈努谢克（Erik Hanushek）有一个共同观点，即教育可以为每个人带来经济利益。这种观点认为教育时间越长、程度越高，收入越多。这是一个关于教育与个人经济成功之间关系的高度简单化的观点（在第二章中探讨过）。该观点无法解释新自由主义全球化受害者的遭遇，如大量接受了大学教育而失业的人，他们的工作机会因去管制而转移到了海外；又比如印度国内那些取得博士学位却要开出租车的工程师。将学校教育与提高收入等同起来的意识形态将公立教育视为私人消费品，从而为其私有化铺平道路——这是胡佛研究所教育工作的核心议程。

五、结论

理想的公立教育提供给个人融入平等社会关系、参与解决社会问题的机会。生态危机、贫困、巨大的贫富差距、资源战争、政治威权主义、军国主义和文化霸权是当前全球公众面临的紧迫问题。通过促进形成个人化主体性，全球企业化教育无法妥善地解决这些公众危机。事实上，它破坏了教师和学生为公开正视这些问题所使用的批判知识工具,从而加剧了这些危机。随着教育控制权从公众转移给私营部门,教育的公众角色被企业培训所取代,而且思考的范围受利益驱动的意识框架所限制。全球规模上的大众民主教育愿景不仅仅要冲破民族国家框架,而且还要寻求替代企业联合制的新方案。树立公立教育全球新愿景的时机已经到来。

六、拓展阅读

1. Stephen Ball. *Global Education Inc*. New York: Routledge, 2012.

此书介绍了近期教育企业化方面一些强大的全球性参与者。

2. Kenneth Saltman. *Capitalizing on Disaster: Taking and Breaking Public Schools*. Boulder, CO: Paradigm, 2007.

此书从全球化批判研究出发,介绍了各国教育企业化项目的情况,包括美国、伊拉克、阿富汗、海地和尼加拉瓜等国。

3. Joel Spring. *Globalization of Education*. New York: Routledge, 2008.

本书的独特性在于,作者在书中关注宗教教育,对其进行了介绍性概述。

4. Susan Robertson and Roger Dale's website and journal *Globalisation, Education, and Societies*.

这是从批判角度着手的关于全球化和教育的最全面和最有价值的资源之一。

5. Fazal Rizvi and Bob Lingard. *Globalizing Education Policy*. New York: Routledge, 2009.

6. William I. Robinson (ed.). *Critical globalization Studies*. New York: Routledge, 2004.

此选集包含大量有价值的理论章节，内容涉及一系列关注权力斗争和政治的国际问题。

7. Hugh Lauder et al. *Education, Globalization, and Social Change.* Oxford: Oxford University Press, 2006.

七、讨论题

1. 重塑教育涉及哪些全球性力量？

2. 有关未来教育的全球竞争是如何与其他和美国有关的章节中探讨过的内容相联系的？

3. 以世界贸易组织的《服务贸易总协定》（GATS）或克里斯托弗·惠特尔关于全球范围内高度集中的大规模教育产业的设想为代表，世界各地公立学校受到的来自私有部门的控制日益增强，这在政治上和道德上有什么利害关系？

4. 为什么非营利的非国家和非政府机构经常在富裕国家和贫穷国家为公立学校教育的问题和解决方案采用商业框架？谈谈你的看法。

注释

1. Christopher Whittle, talk at AEI, "The Rise of Global Schooling,"

December 7, 2009, available at http://www.aei.org/event/100146.
2. Robin Truth Goodman and Kenneth J. Saltman, *Strange Love or How We Learn to Stop Worrying and Love the Market* (Lanham, MD: Rowman & Littlefield, 2002).
3. James Tooley, *The Beautiful Tree: A Personal Journey Into How the World's Poorest People Are Educating Themselves* (New York: CATO, 2009).

第十章　维持现状还是开展新的公立学校运动

本章改编自肯尼斯·索尔特曼所著《学校企业化改革的失败》一书，旨在选取原始公立学校运动及大众新话语元素，来衡量公立和私立两种不同的控制模式是如何在学校教育方面产生共识或是相互掣肘的。本章提倡通过改造传统公立学校运动的方式来强化公立教育，以此创造全社会集体生活与工作形式的条件。如此才可促使批判教育的视角由聚焦以政治参与和文化解读为目的的学校教育拓展到聚焦以创造经济活动平等形式为目的的学校教育。

美国公立学校教育是由19世纪的公立学校运动发展而来，该运动由马萨诸塞州的改革家霍拉斯·曼领导。霍拉斯·曼领导的运动有其积极方面，包括扩大全民和世俗公立教育，并扩大以实现公民参与为目的的公民教育；该运动同时也存在一些问题，包括文化同化、主导文化价值的灌输及职业准备。

最近人文社科领域关于公共教育的文献提供了教育政治学的

新思考维度，涉及扩增或缩减教师、学生和管理者的共同劳动，以及学校建筑公共用地和教学公共资源等。此外，经济活动日益围绕教育的核心部分，即知识创造和与塑造自我的教学工作。也就是说，正如许多与自主主义运动有关的学者的观点，当代发达资本主义就其本质而言，具有知识创造和主体建构的活动。

正如前面的章节所言，如今美国的民主、共和两党所倡导的改革政策以这样一种假设为导向，即学校教育的主要职能应该是让个人融入现有资本主义经济的工作制度之中。这种观点催生了大量关于知识与经济关系的假设，这些假设遭到持不同视角学者的质疑和挑战，包括霍拉斯·曼及早期公立学校运动的自由观及关于公立教育更为激进的民主观。

一、早期公立学校运动

美国的公共学校教育系统源自公立学校运动，该运动是19世纪初由霍拉斯·曼在马萨诸塞州率先发起。此运动最后席卷了美国。曼强调，有效的民主制度需要受过教育的公众，一个由公共资金支持的学校体系，学校也应该接纳不同背景的孩子，教育应该是不分派别的，学生应该由受过专业培训的教师来教，教育的纪律和方法应该体现自由社会的价值观。作为政治包容、劳动力储备和个人品格培养的手段，公立学校运动的推广旨在凝聚不同阶层儿童并提供一种共同的学习体验经历。公立学校运动寻求增加和改善教育资源的供给，包括改善学校办学质量、延长受教育年限至16岁、提高大多数女性教师的工资待遇并拓宽课程范围。

自公立学校运动以后，公共教育的许多方面一直在艰难地斗争，诸如种族隔离与融合、世俗教育与宗教道德教化的对立、课程斗争及公立学校在储备劳动力方面的作用，但过去20年间新自由主义私有化在许多方面损害了公立学校运动所遗留的社会价值。渴望共同教育经历、致力于非宗派教育及重视受教育公民的公众参与，这些都在私有化潮流中遭受到间接伤害。学券计划、家庭教育及奖学金税收抵免项目助力基督教右派为首的势力攫取公共资源以达到为宗教教育买单的目的。我们同时见证了市场原教旨主义为扩大原教旨主义的宗教形式而采取的合并手段。在这两种情形中，信仰（宗教的信仰抑或市场的信仰）战胜了理性批判和公民话语，而在民主辩论中，服从权威凌驾于民主辩论的核心方面，即不同政见和异议之上。

新自由主义强调教育的最终目标是就业和消费，这一观点大大损害了培养有知识和自治意识的民主公民的核心价值。特许教育的大力推进再次使公立学校边缘化。

在里根执政期间，"磁校"（美国的重点中学）也发生了巨变，成为学校的"市场"，尽管其初衷是致力于种族融合与平等。公共资金资助的全民平等式教育受到了竞争和消费者选择隐喻话语的严重损害。除了提倡教育阶层化，新自由主义私有化还将教育重新定义为个人责任，削弱了为他人谋福利的共同价值观念。

学校企业化改革或新自由主义教育改革意味着让人绝望的未来，并假设无限资本增长是未来的唯一选择。换言之，当所有社会价值和个人价值都局限于关注市场时，学校企业化改革不仅复制了经济剥削、政治边缘化及抱负的破灭，它也造成了地球的毁灭，仿佛使地球上的生命患上绝症，等待着即将到来的生态崩溃及应对生态灾难产生的人类灾难。

正如众多学者所言，资本主义及其无限增长的消费要求衍生了一个废物生产系统，不仅对地球来说是一种掠夺，而且造成浪费的生活方式与一次性消费的人口[1]。但是学校企业化改革形成并发展了一种"控制"文化，这种控制文化与集体努力的愿景，即"自由"文化相悖。同时，学校企业化改革的经济前景都是虚假的前景。学校企业化改革承诺实现劳动力储备和大学招生，却无法应对全球廉价劳动力竞争。这种改革呼吁公民对企业未来的经济福祉抱有信心。然而，这种信念是严重错位的，不仅因为企业的机构利益（根据法律）首要地是营利，还因为劳动条件的改善（诸如童工的废止，周末休息日，八小时工作制及其他福利）不是企业的善举而是社会运动的成果。事实上，正如低薪的牙买加籍教科书校对员所指出的那样，全球企业治理的基础放松了对资本和劳动力的管制，并减少了公共部门的投资。这为遭受过度剥削的高学历劳动力创造了条件。为防止这种情况发生，要么需要重振劳工运动、社会民主国家干预，要么像理查德·沃尔夫所说的那样，实行产业的集体化，使工人和管理者成为同一类人[2]。

二、学校企业化改革对公立教育的圈地运动

学校企业化改革或新自由主义教育改革代表的不仅学校改革方式的好坏，比如调整教法和课程等，它在本质上更是有关

对社会生活控制的重新洗牌,因此是一种大趋势的组成部分。它代表了资本对公共领域的禁锢,即暴力掠夺"社会存在的共有本质"[3]。正如哲学家斯拉沃热·齐泽克所言,在4个重要方面正受到圈禁:

> 文化公共资源:即时社会化的"认知资本"、主要语言、交流和教育的方式,公共基础设施如公共交通、电力、邮政系统等;
>
> 外部自然公共资源:主要是污染和资源掠夺的威胁(从石油、雨林到自然栖息地本身);
>
> 内部自然公共资源(人类生物基因继承):随着生物基因新技术的出现,使改变人类本质,创造事实上的"新人类"具有现实可能性。[4]

对公共领域的第4个圈禁包括事实上的种族隔离现状,新式"围墙和贫民窟"围住了人们,隔开了自己人和外人。对齐泽克来说,这4种对公共领域的禁锢正在彼此斗争,而这种斗争的结果影响到人类和地球的存亡。当资本主义侵占人类的自然公共领域,生态灾难就会发生;当资本主义侵占人类知识共有领域,思想将沦为私有财产,而不是可供自由分享、交流、使用的具有普遍益处的知识;当资本主义将标志生命本质的生物信息转化为财产,就为新形式的生物奴役和利润驱动的控制的出现做好了铺垫。

学校企业化改革既是上述种种对公共领域的圈禁的帮凶,

也加深其程度。它将知识变成一种商品，使其不能自由分享和交流。它展示着一个被掠夺来为私人所有，而不是好好管理而服务公众的自然界。它将个体成长和社会化过程私有化，使人的发展变成商业，孩子变成商品。最终，私有化公立教育的最底层以新式"围墙和贫民窟"形式实施压制教育，即通过零容忍政策、警察高压监控、学校安保设施、涉及身体控制的僵化教法等，对穷人特别是城市有色人种的年轻人进行高压教育。

公立学校私有化是学校企业化改革最重要的结果。从经济角度来看，私有化包含圈禁普遍共享的财富、资产和土地。在任何事业中，价值皆是集体劳动的成果，但是资本主义将集体劳动的收益个人化。正如大卫·哈维（David Harvey）所言，公共领域作为集体劳动的一种形式，必须以集体为基础，而不是以个人财产权为基础，从而形成集体对生产过程的控制。[5]公立学校不只是公有财产，也是教师、行政人员、教职员工的集体劳动所在。正如哈维所阐述的那样：

> 当前生产价值的集体劳动必须以集体而不是个人财产权为基础。价值，即社会必要劳动时间，是资本主义的普遍要素，它以衡量共同财富的普遍等价物即金钱来代表。公共资源不是曾经存在但已经消失的事物，而是不断产生的东西，例如城市公共资源。问题的关键在于，资本正在以商品化和货币化形式不断圈禁和支配这些公共资源。[6]

学校企业化改革将教师、管理人员、教职员工和学生的集体劳动纳入资本并据为己有，而这一目的是通过利用公共资金实施公立教育私有化实现的。

事实上，正如特许经营的房地产计划和大量的承包交易所体现的那样，学校企业化改革也圈禁了大量公立学校的集体财产。在某些情况下，真正的公立学校建筑物可能被转让给诸如特许学校之类的私有实体。更为常见的是，学区与营利性公司签订的合同能捞取大量财富，通常是通过降低教师工资和承包商榨取利润来实现的。哈维认为，公有资源的危险在于，不受监管的个人资本积累可能会摧毁两种最基本的公共资源——劳动者和土地。例如，对公立学校公共资源的破坏包括：不受管制的个人资本积累损害教师工作，将其从智识的、公民参与的、对话式的、培养好奇心的、包容质疑和异议的过程，转变为反智的、非政治化的、教条主义的、传播性的、扼杀好奇心和创造力的过程。

学校企业化改革不仅破坏了学校教育的公共属性和公民特征，也破坏了学校教育的经济生产力。不受管制地积累个人资本同样摧毁了学生的劳动力及其未来的经济产出能力。过分重视标准化考试和标准化课程，降低了教师对学生特殊背景和经历方面的关注和参与，这样的教学行为无法培养出集体创造性教学活动中所培养出的个体。学校企业化改革窃取了学生的时间，也窃取了他们与创造性活动的联系。

学校企业化改革对其支持者承诺通过执行惩戒的方式（严密控制时间、主题和教育方法）来提高教师的工作效率，这样能够

第十章 维持现状还是开展新的公立学校运动

加快学生消费者的知识传递速度,继而提高未来学生的潜在经济效益。这个承诺是完全错误的。例如,深得企业逻辑精髓的特许学校模式,目的就是复制和扩大最有效的传递模式,延长教师工作时长,削减教师工资,淘汰教师并改组教师队伍。所有这些都证明了特许学校模式的效果,毫无疑问,这些是管理公司和其他承包商实现短期利润最大化的好办法。

正如达令·哈蒙德等自由派人士所强调的,问题的关键不仅在于这些破坏性的不良改革以学生考试成绩为纲。[7]更重要的是,这些改革手段严重破坏学生创造性、智识、好奇心和教学质量,同时也影响学生劳动力的未来生产力。[8]但是严控、刻板、反批判的教学带来的不是更具经济生产力的主体,而是走向对立的局面。如果目标是培养温顺、懂纪律、低技能的劳动者或是排除在经济体之外的边缘人,那么这些学校企业化改革的目标是正确的。然而,除去伦理和政治因素,如果像学校企业化改革家们所宣称的那样,公立教育的目标是培养拥有数学、科学知识和创造力的未来高科技工作者,继而开创新项目创造新价值,那么这是一种短视的经济战略。

学校企业化改革的主要动因是为美国的科技领域培养劳动生产力以在全球经济竞争中取得胜利。通常,这一理由的支持者鼓励学生开发自身的创业能力。我们很难想象,削弱教师激发活力、创造性思维和求知欲的能力,将如何有助于实现这一资本主义目标。即使就其自身而言,学校企业化改革也失败了。通过私有化对公立教育进行封锁确实创造了短期效益,但它破坏了公立学校的劳动力和资源。正如我在《灾难中的资本化》一书中所论证和阐述的一样，掠夺公共服务是统治阶级获取短期收益的一种手段，而这摧毁了其他人的长期价值。

路易斯·韦纳（Lois Weiner）认为，尽管有"卓越提升"的说辞，但企业学校改革的目的是使教师去技术化、去专业化，并为他们的学生（受教育到八年级）[9]创造低薪、低技能的未来劳动力。韦纳关注的是这一做法如何在诸如世界银行和国际货币基金组织这样美国政府认可的全球经济机构的文件和实践中发挥作用。例如，《二十一世纪技术倡议》和《艰难时期的艰难抉择》这类政策报告旨在为公立教育提供一个商业视角。例如，盖茨基金会和美国教育部的官方说法是，提高高中和本科毕业率能给个人带来经济机会。[10]然而这些说法颠倒了因果关系，告诉人们个人教育水平创造了工作机会，却没有让人们意识到，低薪低技能工人的高失业率本身是资本主义经济结构的组成部分。[11]

换言之，我们必须思考，高水平的教育是否真的能够创造就业机会。证据显示那些吸引人们来各州市的专业工作皆是政治操纵和经济发展活动的结果，它们更多是将工作从其他州和地区强夺过来而不是增加就业机会。[12]美国国内各州为了争抢工作展开激烈的竞争，誓要看看谁能为商业提供最佳税收优惠政策。虽然美国教育标榜其为白领阶层提供工作机会，但在与其他劳动力低廉且教育水平高的国家竞争时，人们还是频频丢掉工作，例如法律、会计和互联网技术等工作机会不断从美国流失到印度和新加坡。如果失去保护，这些劳动力必将在全球竞争中消失。

另一个关于教育促进经济发展的新自由主义观点——例如托马斯·弗里德曼（Thomas L. Friedman）在《纽约时报》专栏文章中提出的观点认为，培养学生创业才能为企业增加价值。在这个荒谬的故事中，创业首要是一个教育问题，而不是资本支出问题。这一观点的唯一狭隘依据是，年轻创新者开发的脸书应用程序带来了净广告收入。琳达·达令·哈蒙德在其著作《扁平的世界和教育》一书中也有类似的思想。她在此书中肯定了弗里德曼的假设，宣称因为未来的劳动者将从事如今并不存在的工作，所以需要对学校进行改革。对弗里德曼、达令·哈蒙德、大多数教育机构及主流话语来说，教育就是为资本主义的全球经济竞争搭建舞台。从这些视角来思考教育，改革的目的在于把未来的集体劳动引向为个人所得服务。

三、区分教育中的公有权和私有权

如果从近期有关公立教育的文献来思考学校企业化改革，我们可以问如下问题：在经济控制、政治控制和文化控制方面，改革如何帮我们应对公立学校私有化产生的问题？这里的关键问题不是私有化是否威胁到批判性的、公共的、民主的教育形式。我们先假设这是肯定的。那么问题就是：批判性教育是如何为集体劳动获得集体收益创造条件的？私立形式的教育又是如何为利用集体劳动获取私人利益创造条件的？

学校私有化的重要部分是缩小公共领域。我们应该认识到，学校教育的公有权和私有权明显至少在以下4个方面存在差异，这些差异是致力于民主教育的人一定要了解的内容。

1.公有权和私有权

营利性教育公司能够从公共税收中捞取资金，并将其转移为投资者利润。而这些税收资金本来可以对教育服务进行再投资。这些公共税收为富有投资者创造的利润具体体现在豪华轿车、飞机和豪宅等具体形式中。同时这些利润还具有象征意义，因为它们可用来雇公关公司对家长、社区及其他投资者施加影响以增强其对该公司的认可。这种寄生的经济关系导致学校的管理方式在降低成本的同时，最大限度地提高投资者的潜在利润。这可能导致反工会主义，教育被降格为可量化和复制的形式，也使教师自主性受到打击等。反工会主义不仅导致教师的工作条件、工资和福利待遇恶化，而且还导致教师的素质下降，表现为教师流动性上升及教师队伍缺乏经验。事实上，那些标准化考试成绩优于美国的国家既有强大的教师工会又有工会和行政部门的强强合作。没有证据表明，公共财富的流失且流向资本家会改善公立教育，也没有证据表明改善公立教育需要耗尽公共财富。此外，经济控制的再分配同时把教学过程的集体控制权力转移到主张私有教育方法的私人管理者手中。他们捕获了这些教育劳力，除了为所有者在短期内谋取利益，还在长期范围内形成剥削资本劳动关系。

2.公共文化政治与私有文化政治

私有化影响着课程背后的权力分配。一个营利公司和一个依赖于私人慈善企业的非营利组织不可能有一个以批判私有化如何威胁民主价值和民主理想为中心的课程。虽然大多数公立学校没有广泛开设批判性课程，但关键是有些学校开设了，而且大部分学校有开设这些课程的能力。这是一个公共斗争的问题。私有化通过将控制权转移到私人手中和禁止那些与体制及结构性利益相冲突的教育方法等方式来阻止这种斗争。民主社会要求公民具有辩论、慎思、表达不同见解和民智参与的能力。而私有化鼓励反民主的工具性和传播性导向的教学方法。公立学校的私有化在文化政治方面往往伴随着大众媒体的私有化。营利性媒体不允许违背机构利益的陈述和质疑。[13]例如，没有一则企业媒体的新闻报道涉及公共数字频段被出让给联合大企业。同样，企业媒体从不报道其他可能的、更平等、更民主的经济制度。学校企业化改革，复制企业经营的逻辑，以可量化表现和服从权威为核心，过分强调标准、标准化、考试和问责制的重要性。而求知欲、调查、教师自主性和批判教育学，更不用说批判理论，都不属于这种观点。在这种语境下，批判不仅仅是指解决问题的技巧，更指一种策略和倾向，对那些声称为"事实"但实际是服务于某种"权威"的主张的批判。民主形式的教育催生了批判形式的机构，培养了作为集体社会行动基石的政治话语阐释。批判性课程和学校模式可以提供理论化和行动的方法，以挑战某些迫使学生屈服劳动剥削的学校。

3.宣传与隐私，保密与透明

私人公司的大部分活动都处于秘密状态。夹在公有和私有领域之间的教育管理机构和特许学校有选择地披露财务和业绩数据，这些数据将进一步提升它们对投资者的吸引力。这种操纵手段是私有化计划的特点。这样的秘密性代表了私有化推动者的一种策略，即拒绝集体控制权干预学校的资金和预算。私有化的秘密性阻碍了通过集体教育劳动带来共同利益。

4. 自我的公私形式

私有化产生的社会关系，通过资本再生产过程界定有助于教化学生养成顺从和服从权威的习惯，而这种习惯与集体控制、对话、辩论、异议和其他公共民主实践相违背。私有化在某种程度上催生了个体化，它鼓励人们将教育理解为私人服务，主要目的是最大程度提高个人的竞争能力。这与公立教育为大众谋福利的宗旨相违背。新公立学校运动的一个组成部分可以是塑造"公共新人"，使其能够充分认识社会生活中集体劳动的价值，并能够设想通过集体劳动获取共同利益的方法。在新自由主义和自由主义教育观中，教与学的集体劳动旨在适应现存的经济结构及其衍生的政治模式。而新自由资本主义是一种让个体受益于集体劳动的经济结构。当下教育批判最紧要的任务是促进规划有助于全球公立教育的教学实践、课程设置和学校组织。批判教法如何使核心的公共劳动获得公共利益？教师和学生通过什么途径来恢复教与学过程中的控制权？在和学校企业化改革斗争中，将不仅仅要求限制标准化考试和中断伪装成各种形式的私有化过程，让公共教育摆脱商业化选举的控制，成为重建真正民主的经济、重构公共文化的基础。

四、结语

学校企业化改革威胁公立学校发展成为自由求真之地，在这里知识、教学权威和个体经历将会在更广阔的政治、民族、文化、物质斗争下呈现，并融入到关于真理的不同主张的竞争中。尽管争取不可或缺的公立学校、反对私有化及反对各种其他形式的新自由主义斗争本身都具有重要价值，但是这些仅是短期过渡目标，以期达到更长远、广泛的斗争目标，即发展实践、组织模式、培养对社会和对自我质疑的习惯，以实现省州和企业权力从精英到公众的再分配，同时提升批判意识和完全的民主精神。

新公立学校运动必然为实现上述长远目标带来希望。公共资源可以建设或者拓展，但是绝对不能被私人圈禁，因为不是人类的一切方面都能转变成财产，而是必须为大众所有。诸如同情心、观念和地球家园等，必须为全人类所共有。

五、讨论题

1.最初的公立学校运动有哪几个组成元素，新自由主义改革又是如何削弱这些元素的？

2.什么是对公共领域的圈禁？此种圈禁与公共领域作为自由交流的场所有何不同？

3.学校的公共控制和私人控制有哪些不同方面？为什么这种差异在公共领域中尤为重要？

注释

1. 见 Georges Batailles, *The Accursed Share, Volume One* (New York: Zone Books,1995). Jean Baudrillard, *The Consumer Society* (Thousand Oaks, CA: Sage, 1998), 是较早认识到这点的早期重要著作之一；而较为近斯的鲍曼的著作 *Wasted Lives: Modernity and Its Outcasts* (Polity, 2003), 以及吉鲁的著作 *Youth in a Suspect Society* (New York: Palgrave Macmillan, 2010) 等都具有相当大的影响力。吉鲁的作品将标志着未来消亡的对青年软硬兼施的战争与消费资本主义和生态灾难的死胡同有力联系起来。
2. 见理查德·沃尔夫的重要电影《一塌糊涂的资本主义》，由媒体教育基金会出品。
3. Slavoj Zizek, *First as Tragedy, Then as Farce* (New York: verso, 2009), 91.
4. Zizek, *First as Tragedy*, 91.
5. David Harvey, "The Future of the Commons," *Radical History Review* (Winter 2011):105.
6. Harvey, "The Future of the Commons," 105.
7. 见 Linda Darling-Hammond, *The Flat World and Education* (New York: Teachers College Press,2010) 中翔实的有关这些反教师的政策对由成绩来衡量的教学质量产生的毁灭性影响的证据。
8. 我所指的"批判性参与"不是作为解决问题技能的批判思维，而是批判教法传统的批判思维，它涉及与更广泛的权力斗争、利益和社会结构有关的知识问题。
9. Lois Weiner, *The Global Assault on Teaching, Teachers, and Their Unions* (New York: Palgrave, 2008).
10. 见比尔·盖茨和梅琳达·盖茨基金会的网站http://www.gatesfoundation.org/college-ready-education/Pages/default.aspx。盖茨基金会网站发布了一则"有力事实"，"很好"地例证了高等教育带来经济机会的假设。此事实是：截至2018年，美国63%的职位空缺均要求应聘者有高等教育经历。此"有力事实"的意义在于它暗示了个体接受高等和中等教育能创造更多的经济机会。这一观点的荒谬之处在于教育本身不能提高就业率或是影响失业率，而后者直接导致产业的扩张或缩减。http://www.gatesfoundation.org/postsecondaryeducation/pages/postsecondary-fast-facts.aspx. 也可搜索前教育部长阿恩·邓肯在哈佛大学的演讲《大家一起来服务》，详情见美国教育部官网http://www.ed.gov/news/speeches/call-service-lecture-harvard-university。

11. 在赞扬宣传电影《等待超人》之前，阿恩·邓肯做了简单的开场白："正如奥巴马总统所说，教育是一个脱贫的最佳项目。"阿恩·邓肯在哈佛大学的演讲《大家一起来服务》，详情见美国教育部官网http://www.ed.gov/news/speeches/call-service-lecture-harvard-university。

12. 里克·佩里（Rick Perry）在担任州长期间宣称田纳西州创造了就业奇迹，而米特·罗姆尼（Mitt Romney）宣称里克是通过引诱别州的人们来田纳西州而创造的岗位（美国总统不会做出这样的选择）。第435期《美国生活》节目为我们完美揭露了各州之间互窃工作岗位的情况，这是拜当选官员所赐。该报道的标题为"如何创造岗位"，2011年5月13日首播，详情可登录http://www.thisamericanlife.org/radio-archives/episode/435/how-to-create-a-job。

13. 见 Edward Herman and Noam Chomsky, *Manufacturing Consent: The Political Economy of the Mass Media* (Pantheon, 2002)，以及 Robert W. McChesney 的著作，如 *Rich Media, Poor Democracy: Communication Politics in Dubious Times* (New Press, 2000)。

案例研究：批判教育的斗争

案例一：伊利诺伊州芝加哥市小村庄社区新建公立高中

2001年5月13日，在这个以墨西哥裔美国人为主的社区中，有14位父母和社区成员发起了一场绝食抗议，要求为他们的社区建立一所新的高中。19天后，芝加哥公立学校同意建校。活动人士坚持由社区控制学校，并主导了新学校的设计。

最终建立了一个包括社会公正高中在内的4所小型学校的校园。其建校的理念是把学习和为追求正义而开展的更广泛的社会、文化、政治斗争相联系。课程设置受保罗·弗莱雷的批判教育学影响，强调学校教学要为学生进入大学做准备，其中一个校区主教科学和数学。第一批学生已于2009年毕业。

有关教师队伍的斗争仍在继续，而对由社区而非由市长（受商业俱乐部左右）控制学校的呼声也从未间断。尽管芝加哥公立学校当时进行了激进的新自由主义改革，积极扩大私有化和特许经营、学校转型和企业管理模式，这场斗争仍不可避免，而且正是在上述背景下发生。这表明直接行动的力量和一小群有献身精神的公民共同努力为实现批判性教学的可能性。

案例二：智利——从"企鹅革命"到"智利的冬天"

1973年9月11日，奥古斯托·皮诺切特（Augusto Pinochet）将军在美国的支持下发动政变，推翻了智利民选政府。他的军事独裁统治政府实施了大规模的私有化计划，包括用学券制和高等教育私有化取代公立教育系统，这被广泛视为激进新自由主义改革的首次试验。即使在恢复民主制度之后，智利的教育体系仍然采用这种模式。

经过几十年的财政资金消耗和质量恶化，公立学校的学生在2006年发起了以其校服命名的"企鹅革命"。学生们要求市政府停止控制公共教育，因其限制对学校的威权公共控制，并且允许私营和上市公共公司主导公立教育体系。新自由主义教育政策导致了严重的不平等，只让富人受益，却损害了其他所有人的利益。2006年的抗议活动，包括接管和占领学校，以及由多个行业的罢工支持的学生罢课运动。

抗议者的许多要求都得到了政府的满足，但企鹅革命的发动者们也把挑战新自由主义教育作为一个核心政治问题，从而为2011年的智利之冬抗议活动打下了基础。智利之冬抗议活动者要求政府停止对学校的控制，改革学券制度，实行公共控制，并向中学和高等教育提供公共支持，改革招生程序，创建一所跨文化大学，暂停建立新的学券制和特许学校。尽管在迫使政府限制营利性教育方面取得了进展，但争取公立教育和推翻激进的新自由主义模式的斗争仍在继续。世界必须学习智利的经验，而智利的学生正是这一经验的来源。

案例三：巴西阿雷格里港

自1989年以来，阿雷格里港市一直将批判教育学作为其教育体系的基础。对课程和教学的批判方式遵循了保罗·弗雷尔的批判教育学理论，将其延伸到参与预算编制过程。这些公民学校把学习定义为"读世界"——把知识与更广泛的社会、政治、经济力量和影响知识的各种斗争联系起来。提出问题的教育过程成为社区参与和转变的基础，公民学校是实践批判教学的典范。来自世界各地的学者和活动家研究并撰写了这些鼓舞人心的成功案例。

案例四：西雅图拒绝标准化考试

从乔治·W.布什到奥巴马政府，标准化考试一直是财政和自治奖惩体系的基础。那些面临最大挑战的学校、教师和学生因考试成绩差而受到惩罚，而享有最大特权的学校、学生和教师的奖励则是继承被社会看重的知识、品位和性情（即文化资本）。标准化考试不仅用来证明减少资金的正当性，而且还用于打击教师的工作保障、损害集体谈判的权利，它重新定义教师预备计划，从而消除批判性思维和教育理论、历史和社会背景。

在高利害考试的背景下，学校的资金要么被削减，要么面临停课和进行未经检验的彻底改革，老师、学生和家长们已经厌倦。2013年初，西雅图的教师拒绝进行MAP测试。新闻媒体的文章纷纷猜测西雅图的抗议活动将会蔓延到何种程度。拒绝标准化考试是充满希望的一步，但教师有责任强调课程中的文化政治，以及所教授和所学内容与更广泛的社会、文化、政治和经济力量与斗争之间的关系。同样重要的是，拒绝考试运动不应被公办学校的改革者所利用，并以此为基础，使表现不佳的特许学校和其他未通过检验的私有化计划逃脱责任。

案例五：芝加哥教师工会罢工

芝加哥的学校企业化改革经历了一个世纪的失败。最近的一项改革包括激进的私有化计划，改革的结果是解雇了教师、开办了特许学校且导致激进的"薄弱"学校数量激增。芝加哥一直在带头为未来的双层公共体系做准备，在这个体系中，工人阶级和穷人的学校将成为投资者赚钱的机器。在承包制下，资金通过解雇教师和压榨教师工资而节省下来。与此同时，城市西部和南部接纳最贫困学生的学校却在糟糕的条件下荒废。

在这一彻底的重组过程中，芝加哥教师工会一直是阻止这项承包计划的中坚力量。2011年，拉姆·伊曼纽尔（Rahm Emanuel）、"支持儿童"组织，以及其他新自由主义团体成功地影响了州立法，限制了芝加哥教师工会的罢工能力。只有75%的教师投赞成票，才能发动罢工。"支持儿童"组织的约书亚·埃德尔曼（Joshua Edelman）在视频中夸口说，芝加哥教师工会再也不能发起罢工了。市长拉姆·伊曼纽尔违反了教师每年加薪合同，延长了在校时间（无补偿），同时承诺关闭并特许经营数百所学校。伊曼纽尔和其他学校企业化的改革者发起了一场无情的打击教师和工会的运动。

芝加哥教师工会成为这项承包计划的主要障碍。基层教育工作者核心小组（CORE）的领导人卡伦·刘易斯（Karen Lewis）、杰西·夏基（Jesse Sharkey）、杰克逊·波特（Jackson Potter）等人组织了教师罢工。芝加哥的教师几乎一致支持罢工，2012年9月，大约5万名教师加入了芝加哥的行列。这次罢工引起了全球媒体的关注。这次罢工的重要和非凡之处在于，它不仅赢得了一份有利的合同，克服了种种困难，包括来自商业团体和为他们效力的市长的有组织的和资金支持的敌意与宣传。同时，核心领导层也使罢工情绪高涨，突显芝加哥商学院改革中更多的政治和经济风险，包括贫困、私有化和去民主化等问题。这次罢工运动引起许多其他教师的罢工，在面对全国对工会、公职人员和社会公益的敌对气氛时，此次罢工成为教师反抗力量的象征。

术语表

1. 妥协主义者：一种认为学校教育应使学生适应现有社会秩序、政治制度、经济结构和主导文化的观点。妥协主义倾向于错误地将这些社会制度视为相对固定的、超出人类控制范围的，而没有认识到它们是通过人类实践不断产生的。与妥协主义相对的是变革观，如批判教育学和批判理论认为学校教育应该是以更公正、平等的方式重新创造社会制度和结构的基础。

2. 成绩落差：标准化考试平均成绩与某确定群体（如种族或少数民族）成绩之间的差异。为了使差距看起来更合理，人们必须接受这样一个可能存疑的前提，即测试和分数反映中立和普遍意义上有价值的知识与文化，而非那些制定和实施此类考试的群体成员的知识与利益。

3. 依附性：这里指保罗·弗莱雷关于受压迫者如何通过压迫者的眼睛来看待世界的理论。对弗莱雷来说，批判性教学的目的是揭露这种错误的意识，从实际出发，使学生能够努力改变这种意识。这种依附性体现在将自身与他人客观化的观察与行为方式。人性化教学法的目标是以人为主体。

4. 主体性：指个人对其所居住的社会采取行动并加以塑造的能力。不同的意识形态格局倾向于在个体中产生不同类型的自主意识。新自由主义产生了一种由社会达尔文主义的竞争、自私、贪婪、掠夺他人和自然世界所定义的主体意识。在这种观点下，一个人只能作为消费者或工人来塑造社会世界。与此相反，批判教育学的传统是通过理解产生个人经历的社会力量，从而努力改变这些力量，从而促进学生的主体意识。主体性在这个传统中是集体的而不是个人的，是社会的、伦理的、政治的，而不是完全经济的。亨利·吉鲁是讨论主体性的最重要的教育学者，他强调学生能在学校学到不同的主体意识，这能加强或阻碍他们解读其在校所学东西的能力，并且以行动来影响塑造其经历的各种力量。来自特权阶层的学生往往很早就知道，他们能够而且应该行动起来，塑造世界。受压迫的学生通常被教导说，他们的行为及说话和观察的方式对权力机构毫无影响。

5. 路易斯·阿尔都塞：一位受安东尼奥·葛兰西和弗洛伊德精神分析学家雅克·拉康影响的法国马克思主义哲学家。他的主要著作包括《列宁与哲学》《读〈资本论〉》和《保卫马克思》。阿尔都塞的《意识形态与意识形态国家机器》是再生产理论的重要著作。

6. 自治运动：意大利马克思主义者和无政府主义者领导的运动，强调扩张公地与认知资本，非物质劳动以及当代资本主义经济中主体生产活动的日益重要性，一些主要的自治主义者包括安东尼奥·内格里（Antonio Negri）、克里斯蒂安·马拉齐（Christian

Marrazzi）、弗朗科·贝拉尔迪（Franco Berardi）、保罗·维尔诺（Paulo Virno）、卡洛斯·维塞隆（Carlos Vercellone）和尼克·戴尔·威瑟福德（Nick Dyer-Withford）。

7. 自治：理性的自我管理。这里指我们可能按照自己制定的法律来生活，同时也可以反过来质疑、推翻和重新制定法律。

8. 储存式教育：一种错误却又普遍的教育方法，即把学生看作一个空容器，然后用知识去填满它；或者把学生看作银行，把知识当作钱一样存放进去。这种比喻是由保罗·弗莱雷提出的，他认为知识是一种静态的、可以被传递的东西，而不是通过对话交流产生的动态之物。此外，这种比喻还提出了一个观点，那就是人们接受静态的知识，然后利用所学到的知识为自身谋利。它不会去了解人们是如何有意识的，是如何对知识进行思考并将其理论化的，或者知识是如何丰富人的经历然后根据不同理解去实践的。不幸的是，毫不夸张地说，大多数教育政策与教学评估采用的都是储存教育这种不合适的方法。这就是为什么标准化考试和课程标准化如此受重视，因为它们的目的是传递知识并对这种储存的知识进行检验。

9. 齐格蒙特·鲍曼：波兰杰出且多产的社会学家。他在学术上的重要贡献体现在公共与私人生活的关系、后现代状态、全球化、伦理道德及消费主义等方面。

10. 生命政治：生命的生产和管理占主导地位的一种政治形式。

11. 艾伦·布鲁姆：文化保守主义者，著有《走向封闭的美国精神》。

12. 皮埃尔·布尔迪厄：法国社会学家和哲学家，其研究集中于阶级和文化之间的关系。他试图建立社会法则，通过这些法则，社会权力得以形成、维持和传承。他的术语"文化资本""社会资本"和"象征性暴力"对描述阶级等级制度再生产方式特别有影响力和帮助。他的专著《教育中的社会与文化再生产》和同名文章，以及《资本的形式》等被评论界广泛阅读和引用。布尔迪厄的工作对加里·贝克尔（Gary Becker）倡导的"人力资本"模式提出了挑战。在这种模式中，知识被视为一种直接带来经济增长的产品，目前这种模式已被广泛接受。

13. 塞缪尔·鲍尔斯，赫伯特·金蒂斯（Herbert Gintis）：教育思想家，1976年著有《资本主义美国的学校教育》一书。这本书对20世纪70年代和80年代的左派教育工作者的思想产生了深远影响，他们都关注学校再生产劳动力的方式，以及学校作为社会秩序，尤其是阶级、种族和性别关系再生产的一种机制。对鲍尔斯和金蒂斯思想的质疑和反对，催生了关于自主性、反抗、文化和教育的学术新领域。

14. 经典：被宣扬为具有全面性并应由学生掌握的一系列文献。经典的支持者倾向于将课程视为被传播的。这种观点的一个问题是，它削弱了不同群体确定经典应包括或排除的内容的权力。另一个问题是它认为知识是凭空产生的，与社会利益无关——那些被认为对他人有价值的知识不必证明自身的价值。换句话说，经典认为知识应该是被掌握和重复的教条，而不能受到批判性质疑。

15. **资本**：用于投资的钱或财产。据马克思主义传统，资本被理解为积累的劳动力。

16. **特许学校**：由公共资金资助但进行私有化管理的学校。一些特许学校由营利性公司进行私有化管理，其他一些则由非营利性组织进行私有化管理。特许学校最初是由美国教师联合会（AFT）主席阿尔伯特·尚克（Albert Shanker）发起的一项草根运动，旨在鼓励实验、支持教师主导的创新和新学校模式的发展。特许运动基本上已被大型利益集团所劫持，议程与其初衷完全背道而驰。最近的转变是复制单一制学校模式，摆脱教师工会，终止教师对学校的控制，实施以商业为导向的应试教育和课程模式。特许的理由并不充分，考试成绩与社区学校持平或更差，管理成本更高，教师薪资更低，教师流动率更高，种族隔离加剧。尽管如此，盖茨基金会和许多其他新自由主义组织仍在积极推动特许学校运动。

17. **基督教右派**：指信奉基督教基要传统的群体。他们以神创论的观念看待教育，并渴望削弱政教分离的势力；他们倡导建立宗教国家，以宗教信仰衡量道德标准，还对文化（如审查制度）和性别（如男权思想）持保守观点。

18. **公共学校**：公办学校的前身。

19. **忏悔术**：米歇尔·福柯提出的一个概念。在这个概念中，主体受到特殊机构的诱导以符合统治的方式说出自己的"真相"。这个看似通过忏悔的方式来释放自我内在真实想法的解放过程，实际上是一个通过语言来确立自身主体地位的过程，从在与一个或多个处于权威地位的机构或人的关系中构建自我——如教会、医疗机构、心理机构、学校等。这是一种习得性自律与对威权的服从。

20.学校企业化改革者：指那些主张在公立学校教育中推行私有化和放松管制的新自由主义政策的人。这种政策主要包括公立学校私有化、特许经营、学券、奖学金税收抵免以及扩大营利性承包计划。此外还包括传播企业文化思想、标准化考试、所谓的数据驱动教学和其他衡量与控制的方法，认为这些才应该是学校改革的核心而非强调公民参与、社会革新或将教学、课程与公共问题相结合。戴安·拉维奇（Diane Ravitch）曾多次引用"学校企业化改革"这一表达，但她未能将其置于新自由主义改组的更广泛的经济领域与意识形态斗争中。

21.反霸权主义：指挑战霸权的行为或人。由于霸权是通过强迫他人同意才得以实现的，反霸权团体鼓励学生和其他人质疑这种强制性同意的意识形态。这场斗争属于教育学范畴，因为其目的是要将反对的思想通过教育转化为反霸权的思想。

22.创造性民主：该词源于哲学家约翰·杜威的文章《创造性民主：我们面临的任务》。杜威的思想强调经验在民主公共生活中和教育为民主公共生活创造条件中的中心作用。他总结道："民主的任务，永远都是创造更加自由、更加人性的经验，为所有人所共有，且所有人都可贡献这种经验。"

23.批判型知识分子：正如吉鲁在《作为知识分子的教师》一书中阐释的那样，批判型知识分子有别于转化型知识分子。批判型知识分子将知识与权力和政治问题相联系，但不把这些分析与行动联系起来，也不培养学生为批判性知识的转化创造条件的各种主体性。

24. 批判理论：该理论源于法兰克福学派，代表人物有西奥多·阿多诺（Theodor Adorno）、马克斯·霍克海默（Max Horkheimer）、赫伯特·马尔库塞（Herbert Marcuse）、瓦尔特·本雅明（Walter Benjamin）、埃里希·弗洛姆（Erich Fromm）和西格弗里德·科拉考尔（Sigfried Kracauer）。这些社会哲学家意在把社会理论作为社会转型的理论基础。批判理论涉及范围更广，通常指的是一系列左派学术传统，其中包括政治经济学、女权主义、后殖民主义、大众传播批判、批判教育学等。这些观念的共同点在于关注社会正义、权力关系、反对压迫的斗争、试图理解知识构成与社会权力之间的关系，以及努力推翻往往看似自然且不可避免的压迫。

25. 批判性思维：指解决问题的技巧。它不同于批判理论，后者将对真理的主张与伦理、政治、权力和历史等问题联系起来，成为社会转型过程中的一个方面。

26. 文化资本：即社会重视和系统奖励的知识、品位和气质，以及获得此类知识、品位和气质的工具。布尔迪厄划分了三种不同文化资本：客体化文化资本、具身化文化资本、制度化文化资本。文化资本的客体化形式包括艺术品、书籍等具体对象。具身化文化资本包括知识、品位、气质，以及获得这些文化资本的思维模式。布尔迪厄提出的文化资本始于家庭，并在学校受到奖励或惩罚。

27.文化赤字：对一个群体文化劣势及其相关信念的一种假设，即这种文化劣势体现在该群体成员在使用不同文化群体成员设计的工具上的表现。声称自身文化具有优越性的团体倾向于否认自己的文化只是一种文化，而是通常将其知识、价值观和历史描述为具有普遍性。

28.教育中的文化政治：即不同群体围绕对人有教育作用的意义的形成实践而展开的斗争。文化政治作为一种意义形成实践的概念，不同于将文化视为应该由文化精英形成、保留和传播的一种规范或知识体系的概念。教育中的文化政治关注的是不同社会地位的群体对知识、课程和教学方法的斗争问题。

29.文化战争：20世纪80年代和90年代，一些著名的保守派人士，如艾伦·布鲁姆、赫施和威廉·班尼特，就文化问题展开了争论。他们认为应回归对经典的学习，尽管对部分经典更为重视。文化战争包括K-12学校课程辩论和关于高等教育的争论。文化战争是里根/布什时代美国右翼转变的一部分。保守的文化斗士怀念民权运动和多元文化主义之前的日子，尤其憎恨自由主义者为文化包容和取代欧洲中心主义所做的努力。矛盾的是，在这一时期，美国有利于企业发展的氛围催生了文化的大规模商业化，从某种意义上说，文化保守派正在为维护保守派经济政策的成果而做最后的努力：他们宣称传统价值观已被新文化取代，在这种新文化中，一切物品皆可出售。企业媒体的全球化，以及商业驱动的24小时滚动新闻的出现，在此次变革中发挥了不小的作用。

30. 课程之战：即关于学校课程内容的政治争议。文化保守主义者倾向于推崇所谓最好的、最具智慧的文章和观点。自由主义者倾向于主张还应增加代表少数民族和边缘群体的经典历史和文学作品。批评家们试图通过集中关注权力关系、社会正义、伦理道德以及对特定文本和传统的重要性的要求来理解传统，从而取代经典。

31. 民主促进：美国（主要是通过美国国际开发署）和欧洲的诸多宣称要在相对贫困的国家推广民主的活动，但是像威廉·I.鲁滨逊和诺姆·乔姆斯基这类批评家却称其为帝国主义或军事人文主义。这类批评观点认为民主促进就是为扩大外国势力的影响找借口。

32. 决定论：对一种自动运行的、不受人为干预的力量的信念。虽然决定论可以出现在许多情况下，但以决定论的不同角度方式来看待经济，人为制定的政策和确定的优先事项常常被错误地认为是不可避免的自然之事。

33. 约翰·杜威：美国最重要的哲学家之一，也是最著名、著作等身的教育哲学家之一，同时还是一位实用主义哲学和进步教育方面的著名思想家。他的思想强调教育在民主社会不断重构中的伦理与政治作用，以及儿童和经验的中心作用。

34. 否认（或否定）：指由于接受某些感知可能产生创伤性后果而对其予以拒绝。例如，因为地球毁灭的现实是如此令人痛苦，所以许多人继续我行我素，好像全球变暖不会导致地球毁灭。在这种情况下，这种否认势必会使严重的灾难成为现实。

35.话语：指一组陈述或描述，用于表达在特定时间和地点讨论或表示特定主题的方式。话语定义并产生我们的认知对象，并影响我们对观念的实践。对于福柯和德里达来说，在语篇之外没有任何有意义的东西存在，主体地位在话语中产生。话语包括象征（意义形成）实践、言语行为和表征，这些都突出了制度和制度语言的作用。

36.经济主义：指将一个人对社会现实、人类文化和意识的理解还原为经济学。右派新自由主义者认为个人主要是利己的工人和消费者，而一些左派马克思主义者也认为人是由劳动和生产界定的，把文化和意识仅仅看作是经济生产的结果。

37.教育管理组织（EMOs）：指与地区或学校签订合同，由其对学校进行私有化管理的公司。分为营利性教育管理组织和非营利性教育管理组织。以营利为目的的教育管理组织行业规模庞大，而且正在合并为数量更少的大公司。其中最大的两家是爱迪生学习中心（前身为爱迪生学校）和K12公司，后者经营着网络学校和在线家庭学校。对于这些学校应试成绩的研究比较薄弱。教育管理组织的目标是那些人均教育支出较少的城市和农村学校，它们的利润只能通过从教育资源中捞取资金来实现。教育管理组织无法在富裕的学区获得合同，因为这些学区在每个学生身上的花费（24,000美元）是教育管理组织的三倍（8,000美元）。因此，富裕的地区将会直接放弃它们的公共资源，而教育管理组织则把这些资源作为利润。

38. 圈地运动：历史上指将普通的农牧业用地转变成私有财产，并强迫原住民转变成雇工或佃户。近年来，圈地运动成为私有化和将公共产品及服务商品化的同义词。"圈地运动"与公共领域的扩展相悖：自由交换的知识、作为生命根基的生物基因信息、共同的自然环境。

39. 启蒙运动：16至18世纪发生在欧洲的思想运动，它强调运用理性、科学和批判思想促进人类解放、进步和公共利益。详情可参见伊曼纽尔·康德的文章《什么是启蒙运动？》。启蒙运动是伴随着封建经济时代的终结、资本主义的兴起、君主制的衰落和议会民主的兴起以及生产和探索新技术的出现而产生的。启蒙运动的前景在19世纪末20世纪初出现了危机，其中包括现代官僚制度的发展、工业时代的人类苦难及随着科技进步在政治方面日益兴起的非理性主义。

40. 宿命论：这一论断相信社会结果不可避免且不受人类控制。宿命论是一种意识形态，即鼓励人们即使受现状所害也要接受它。

41. 弗格森·安·阿内特：美国史密斯学院（Smith College）教授，著有《坏男孩》一书。

42. 金融资本主义：新自由主义出现后资本主义发生的一种变化。新自由主义政策支持扩大金融业和经济杠杆的应用，对股权、工农业生产则重视不够。在金融资本主义经济下，工作由投机（或对赌）主导，而不是由投资生产活动主导。用来形容金融资本主义的一个更尖锐且贴切的词就是"赌场资本主义"。

43. 福特主义：指20世纪美国的工业生产经济及其伴生形式的自我和社会调控。福特主义将资本和劳动力视为紧密联系的伙伴，工业资本家关注的是制造能购买其产品的消费者，以及工人在工厂之外的生活世界。福特主义引致时间和劳动密集型个人和社会控制形式的扩展，包括在公立学校、精神分析和精神病学，以及社会工作不同机构和领域实现的习得性自我管理。

44. 外商直接投资：民族国家对外国企业在本国投资管制的放松，在贫穷国家实施这种去管制措施，大型外国公司被允许进入当地市场，可使该国民族产业遭受重创。

45. 米歇尔·福柯：法国20世纪颇具影响力的哲学家和社会理论家，他的著作强调权力与知识的关系。

46. 南茜·弗雷泽：当代批判理论家、政治理论家和著名的女权主义哲学家，纽约社会研究新学院大学教授。

47. 保罗·弗莱雷：巴西教育家和社会理论家，其最著名的作品《受压迫者的教育》是批判教育学教育传统的奠基之作。弗莱雷的思想融合了马克思主义人文观，存在主义、后殖民主义和批判理论。弗莱雷的目标是让教师引导学生成为更完整的人，也就是说，学生被当作主体而不是客体来对待。这包括从产业主观经验的客观力量角度来分析主观经验，并通过理论化来重构个人经验。这样的诠释工作就成为与他人合作以行动改变产生经验的社会力量的基础。

48. 赫伯特·金蒂斯：参考塞缪尔·鲍勒条。

49. 亨利·吉鲁：美国公共知识分子和批判教育学的领军人

物。吉鲁的学术研究在教育理论、学生抵抗、高等教育、教育政策与政治、青年、媒体文化、种族等方面做出了重要贡献。吉鲁早期的工作集中在教育与学生和教师反抗理论方面。20世纪90年代初，他的作品发生了转变，扩展到关注教育、大众传媒和艺术领域的文化政治。他是教育与文化关系的主要思想家。在新千年之交，吉鲁越来越关注新自由主义、对公共领域的冲击、暴力和威权主义的兴起，同时仍未脱离许多领域。从理论上讲，吉鲁的作品受许多传统影响并对其有所借鉴，包括哲学实用主义、后结构主义、结构主义、后殖民主义、种族研究和女权主义。

50. 全球治理：跨国行为主体之间的政治互动和影响。这一概念可以用来理解跨民族国家的组织机构行使的非国家主权。例如，世界贸易组织代表跨国公司且它不受限于某个国家，但它却影响很多国家的政策和行动。

51. 安东尼奥·葛兰西：意大利哲学家、政治活动家及社会理论家。其最知名的代表作《狱中札记》是在遭贝尼托·墨索里尼（Benito Mussolini）囚禁期间写的。葛兰西的霸权转变理论强调公民社会的文化斗争，他的知识分子理论在学术传统领域具有深远影响，影响了包括亨利·吉鲁和迈克尔·阿普尔等人的作品及文化研究领域的作品。

52. 关塔那摩湾：关塔那摩监狱位于古巴的美国关塔那摩湾海军基地内部。它以虐待和折磨囚犯臭名昭著，虐囚丑闻由红十字会观察员和前囚友爆料，而且该监狱无限期监禁嫌疑恐怖分子，无视人身保护令。

53. **斯图尔特·霍尔**：牙买加裔英国教授，领导了跨多个学科的文化研究的发展。他受到雷蒙德·威廉姆斯和E. P. 汤普森的影响，并继续教育了许多有影响力的文化理论家。文化研究在20世纪80年代发展起来，并在90年代末达到顶峰。霍尔的研究综合了批判理论、葛兰西理论、福柯理论、符号学、大陆哲学、后殖民主义、种族研究和女权主义。

54. **埃里克·哈努谢克**：右翼教育经济学家，他经常提出一种论点，即把学校教育当作一种私人消费品，并且认为教育的社会应用目的在于服务商业。

55. **霸权主义**：占统治地位的力量。此术语也可指代不同群体为谋求权势而展开的斗争。葛兰西对后一个定义进行了详细的阐释，他认为其对教育具有重要意义的原因在于，正是教育才允许不同群体通过宣扬常识和界定文化的方式来赢得其他群体。

56. **E. D. 赫施**：英语教授，因倡导保守的文化准则和提倡每个学生都应该学习一样的东西而闻名。最近，赫施投资了一家营利性在线特许学校K12有限公司，该公司也涉足家庭学校领域。通过减少教师数量和扩大班级规模，特许学校实现了盈利。这些学校学生的标准化考试成绩往往低于地区平均水平。对网络学校的研究表明，在传统的应试测试中，它们的表现甚至比大多数特许学校还要差。

57. **胡佛研究所**：一个右翼智囊机构，在教育领域促进商业利益而不是公共利益、新自由主义私有化和放松管制，以及反工会主义。

58. 意识形态国家机器：路易斯·阿尔都塞在他的文章《意识形态和意识形态国家机器》中提出的一个术语，指的是促进占主导地位的国家意识形态发展的机构。阿尔都塞提出了马克思主义－拉康教育理论作为意识形态主体形成的主要场所。意识形态是主体通过实践而形成的过程，是在制度中实现的。有两种制度：一种是压制性的国家机器，主要通过胁迫来复制阶级秩序；另一种是意识形态的国家机器，主要通过制造赞同来复制阶级秩序。阿尔都塞解释说，学校是占主导地位的意识形态国家机器，它们传授技能和专门知识，以此培养有利于劳动关系再生产的社会关系。这种意识形态理论强调意识形态的实质是通过仪式和实践产生的，意识形态代表着主体与生产过程的想象性关系。

59. 询唤：指身份形成同时也是对意识形态的解释的一种理论。询唤是受统治机构询唤的一个过程。在被认识的过程中，人们将自己视为该制度的主体，同时作为该制度的臣民。阿尔都塞举了一个例子：警察大喊，"嘿，你！"，而你在做出回应的同时，已经成为了意识形态主体。这个人既是意识形态主体，又是询唤此人的权力机构的臣民。教师询唤学生的过程也是如此。询唤理论的局限在于它未考虑个体不愿成为主体的各种方式，他们如何具有复杂和矛盾的意识，如何将人们再教育成可能激烈批评现存秩序和与他人共同创造新秩序的主体。

60. 反向极权主义：一种威权主义形式，主要体现为一种由公司主导国家、民众政治冷漠以及金钱主导政治机构从而使政治成为表演的"管理民主"的体系。谢尔顿·沃林创造的这个术语有别于法西斯政权的传统极权主义。

61. K12公司：两家最大的营利性私立教育公司之一。K12公司的独特之处在于采用线上教学方式。它近一半的用户是家庭学习者，剩下的是网校，课程具有文化保守特点，受赫施和威廉·班尼特等投资者和右翼文化斗士的影响。利润来源于减少教师数量和降低他们的薪酬，并依靠量产课程和低酬教师。与周围学校相比，K12学校的考试成绩较差。

62. 磁校：可决定部学生生源并且经常从附近学校吸引高分学生的公立学校。磁校创办的初衷是实现种族平等和促进地区整合。在里根政府期间，政治右派将磁校重构，作为其私有化的正当依据。磁校对大城市的最大影响表现在它们为专业阶级的父母提供了迎合其子女的学校，而他们的文化资本也更多。磁校的另一个影响是把社区学校成绩好的工人阶级子女挖到磁校去，使社区学校的考试成绩下降，进而通过学业成就和阶级分隔学校。

63. 霍拉斯·曼：公共学校运动创始人，该运动为公立学校系统奠定了基础。

64. 市场原教旨主义：认为市场与商业是所有社会与个人问题解决方案与模式的一种思想，也称新自由主义。市场原教旨主义者拥护私有化和放宽管制，认为个人首要的是消费者和工人，并排斥集体主义价值观。

65. 麦肯锡咨询公司：一家管理咨询公司，主要向政府和学区提出采取私营部门方式（包括私有化和企业化管理）改革公共部门的咨询建议。

66. **迈克尔·米尔肯**：两家最大私立教育企业之一的K12公司的创始人。在20世纪80年代，米尔肯曾是一名垃圾债券交易员，后因犯欺诈和内幕交易罪被判入狱。刑满释放后，他被禁止涉足金融业，于是他开始在教育领域创业。通过买下多家较小的教育公司，他迅速成立起了一个最大的营利性教育企业。

67. **认同方式**：个体对特定角色和地位认同方式。

68. **货币政策**：指美国联邦储备委员会对货币供应进行管理，以使通货膨胀率维持在低位同时刺激经济扩张。货币主义与新自由主义经济学家米尔顿·弗里德曼（Milton Friedman）有关。

69. **多元文化主义**：20世纪70年代开始的一场旨在认同K-12课程和高等教育中不同群体文化的草根运动。自由多元文化主义强调文化认同，并将经典扩大到包括边缘化的文化和人群，主导了21世纪头10年的教育话语。但是，以克里斯汀·斯利特（Christine Sleeter）、彼得·麦克拉伦（Peter McLaren）、亨利·吉鲁、唐纳多·马塞多和佩皮·莱斯特纳（Pepi Leistyna）为代表的一些教育家提倡批判性多元文化主义，把认同文化差异与更广泛的权力斗争和社会结构联系起来。

70. **新自由主义**：一种经济原则。这种原则要求将公共产品和服务私有化，放松政府对资本的管控，鼓励贸易领域的放松管制。作为一种文化意识形态，新自由主义鼓励人们从个人利益而不是公共利益的角度思考问题。新自由主义者倾向于把国家的角色看作是企业和企业所有者利益的促进者，社会压迫制度的维护者，社会关怀机构的摧毁者。新自由主义与放松管制密切相关，比如放松对华尔街和房地产以及汽车行业的管控导致了21世纪的经济危机,以及强调公共部门纾困的必要性。作为一种文化意识形态,新自由主义试图掩盖公共支持在私营部门财富积累中所扮演的角色,例如公共支持的基础设施(如道路、学校等)使私营部门活动成为可能。大卫·哈维等新自由主义评论家认为,新自由主义为一种阶级斗争,富人试图向上重新分配财富和资源(分配给少数上层精英),同时教育每个人从金融精英的视角来看待世界。

71. 新学券制度:见"奖学金税收抵免制度"条。

72.(历史的)客体:这是一种自我概念,认为作用于人的只能是个人无法控制的力量。宿命论教育将学生当作客体,灌输式教育也是如此。

73. 官方标准知识:指代表主流意识形态或者统治阶级以及群体利益与观点的课程与教育中的知识。这种观点在迈克尔·阿普尔的作品中得到了发展,尤其是在《意识形态与课程》一书中体现得尤为明显。这个概念借鉴了雷德蒙·威廉姆斯和皮埃尔·布迪厄关于与阶级和文化相关的奖学金的阐述。

74. 有机知识分子:这类知识分子出自社会地位、利益和价值观一致的某一集团内部。培养有机知识分子的集团在与其他集团发生冲突时更易取胜。

75. 全景式监狱(又称圆形监狱):英国功利主义哲学家杰里米·边沁(Jeremy Bentham)设计的一种监狱,圆心位置是一座哨塔,环绕该哨塔的是一圈牢房。这种设计所需的警卫人数少,因为囚犯不知道他们在某个时点是否受到监视。福柯运用全景式监狱的概念来探讨权力的现代技术，他将其称为"阶级监视"。

76. 培生集团：全球最大的教育出版公司。从教材出版到为课程设计的测验，他们涉足大量的营利性活动。对于该公司对教育的影响的批评，可参见斯蒂芬·鲍尔（Stephen Ball）的《全球教育公司》一书。

77. 操演性：通过表演和话语来构建性别的一种方式，其会话基于具体历史。我们的每一次讲话或表演，都在复制性别范式，但在接受这种范式前，我们也通过赋予其从未有过的名称而对其稍作改变。

78. 政治经济学：指对某国或国与国之间的经济生产、买卖和货币的分析。从历史上看，政治经济学早于现代经济学，亚当·斯密和卡尔·马克思可算作该领域的代表人物。政治经济学最初是道德哲学的一个分支。今天的政治经济学家，特别是源自马克思主义或批判传统的政治经济学家，倾向于关注经济概念或假设的社会、伦理、政治和象征维度，延续其在道德哲学中的传统。

79. 政治自由主义：一种体现平等自由的启蒙思想。自由主义倾向于支持选举民主、法律准则、公民权利、出版自由、宗教自由、选举公正自由，贸易自由以及保护私有财产。自由化打破了世袭特权、君主政体、国教及君权神授的"天赋"特权。

80. 政治主观性：由政治认同、价值和未来愿景定义的自我感知。

81. 投资组合模型：把管理学校比作投资股票的一种教育观。在投资组合模型中，学监被比作股票投资人，学校被比作投资组合（区）中的一支支股票。投资组合模型理论认为公立学校应该外包给私人企业，成功的学校继续开门，失败的学校则应该"歇业"。这种情况被称为"顾客流失"或者"创造性毁灭"。投资组合模型的支持者如保罗·T. 希尔认为用考试成绩的提高无法评判投资组合模型是否成功。希尔认为投资组合模型的成功与否可以根据该教育模型所纳入的学校的数量来评判。

82. 实证主义意识形态：这种观点认为真理必须能在数理上量化，并且在追求客观真理时必须否定主观经验。实证主义反映在推动标准化测试中，施测者的价值观呈现为所有学生必须自然而然地掌握的客观真理。

83. 后福特主义：20世纪末和21世纪初，美国制造业向海外转移，国内工作转向服务业。后福特主义包括一种信念，即个人必须只为自己提供社会福利，强调创业精神，并以营利性监狱和学校的形式将公共部门商品化。

84. 后结构主义理论：一场意在从自我、社会和真理体系的核心中找出不连续性、破绽与差异的知识分子运动。米歇尔·福柯和雅克·德里达（Jacques Derrida）等后结构主义思想家挑战了结构主义的原则——旨在确定社会规律、惯性和连续性以解释社会现象。结构主义的代表包括德·索绪尔的结构语言学、列维·施特劳斯的结构人类学和布尔迪厄的社会学。后结构主义倾向于关注语言、差异和局部性，反对莱昂塔（Lyotard）所说的传承于启蒙运动的解放、进步和真理等"宏大叙事"。

85. 实践：反思性行动，即把经验理论化，并利用从中所得的见解来指导未来的行为。它把理论和实践结合起来，目的是产生社会转型。

86. 首选含义：表征倾向于在特定的文化背景下所具有的含义。虽然表征从根本上说是不确定的，可能有很多不同的含义，但它们往往被以特定的方式，在特定的社会和历史时刻进行解释。斯图亚特·霍尔将这个词用作他的建构主义文化理论的一部分。它挑战了这样一种观念，即文化表征的含义是根本不确定的，每个人的解释都是可能的，它也挑战了表征是由文化生产者的意图决定和保证的假设。

87. 私有化：对公共的、集体的资源所有权和控制权转变为个人所有权和控制权。

88. 公共领域：公共语言交流开辟了话语空间。公共领域涉及公共问题，从而能够采取集体政治行动。公共领域不同于经济交换的私人领域和公民社会领域，也不同于国家。

89. 激进民主理论：一种批判性政治理论，提出于欧内斯托·拉克劳（Ernesto Laclau）和尚塔尔·穆夫（Chantal Mouffe）的著作《霸权主义和社会主义战略》以及穆夫的著作——《回归政治》与《民主的吊诡》中。大卫·特伦德（David Trend）编著的作品集《激进的民主》中汇集了此话题许多当代重要思想家的思想。激进民主关注文化，受到德里达解构主义和美国实用主义影响，并以此来重构社会主义，它不再视阶级为唯一的具有中心地位的政治身份认同。激进民主认为社会是通过敌对来构建的，并力图克服自由多元主义所强调的共识和否认差异的局限性。

90. **反抗**：对统治的反抗可以理论化的方式，使其成为反对压迫力量的集体行动的基础。反对的行为本身并不等于反抗。

91. **受压抑者的回归**：指无意识状态下具有的反抗压抑的倾向，使受压抑的欲望和动力不再受到压抑而达到意识的状态。弗里德里希·尼采（Frederic Nietzsche）的哲学思想（可参考《偶像的黄昏》）提到了受压抑者的一种社会性回归，他谈到现代对肯定性的强调如何消除无法遏制的黑暗与差异。这成为法兰克福批判理论学派在《启蒙辩证法》一书中提及的受压抑者的回归，乔治·巴代伊的《被诅咒的部分》一书中提出的不可控制的地球能量，以及近来一些后现代/后结构主义，如德里达的幽灵主题等的先导。

92. **奖学金税收抵免（新学券）**：政府给予公民的税收抵免待遇，以鼓励他们选择离开公立学校，转而将这些抵免用于私立教育。沃尔顿家族基金会是这一私有化计划的主要推动者。

93. **学券制**：由公立学校系统资金支持的私立学校教育。支持者声称学券可使公民像购物一样"选购"学校，这迫使学校为争取顾客而竞争。批评人士则认为此举导致公立学校失去资金支持，很多私立学校教育质量低下，以及宗教教育使用学券等问题。智利在学券方面进行了最广泛、最具破坏性的实验，但大规模的公众抵制活动已经减少了该国学券的使用。在包括华盛顿特区、新奥尔良和密尔沃基在内的几个美国城市，学券的使用效果也不是很理想。据悉，威斯康星州、新泽西州、路易斯安那州和密歇根州的共和党政客最近已将学券扩大到全州。沃尔顿家族基金会（沃尔玛资产）一直是美国学券计划的最大推动者。

94. **意指实践**：指在特定语境中运用语言、手势和动作等创造意义的实践。想象一下某个学生低头靠在桌子上，或者扔桌子，或者走出教室。这些行为需要被解读。它们所体现的到底是病态、对立行为还是政治反抗？

95. **社会资本**：指个人能够加入的存在某种特权的社会网络。例如，那些拥有良好社会关系的人，可能会不公平地利用那些在进入顶尖公立学校竞争中有优势的城市的择优录取程序，或者利用那些帮助他们操纵公共和私人系统以获取优势的人脉。

96. **社会特征**：社会成员所共有的性格特征。这个术语是由批判理论家和精神分析学家埃里希·弗洛姆在《逃避自由》一书的附录部分"性格与社会进程"中提出的。他解释说，社会性格是由基本经验和生活方式发展而来。这一概念解释了为什么有些想法在特定的文化背景下，在特定的时代会失败，而另一些想法却能在特定的文化背景下站稳脚跟。社会特性使在特定经济和社会系统利用人类能量的外部必需物得以内化。

97. **社会建构**：强调物质事物（包括身体）只有通过历史原因形成的差异和区别关系才有意义的一种文化观。社会建构是对身份类别的自然性和固定不变性断言的挑战。

98. **社会达尔文主义**：达尔文进化论应用于社会和政治的一种意识形态，意在说明"物竞天择，适者生存"的竞争对每个人都有好处。它使极其不平等的社会政策合理化，以及错误地将这些政策定位为本质上是合理的。

99. 反抗性社会关系：一种人际关系，体现为受压迫者对压迫和统治的反抗。

100.（历史的）主体：人可以有自发的行为而非仅仅被动应对的一种观点。压迫源于人们把他人当作物而不是人。批判性教学的目标是帮助人们意识到他们所受的压迫，这样他们才有可能成为主角或主体，而不再是物体。对保罗·弗莱雷而言，这是一个人类化的过程。

101. 主体地位：由米歇尔·福柯提出的主体概念，认为其是由话语产生的。个人不是产生知识的主体，相反，人具有由话语产生的主体地位。

102. 象征性暴力：指对一个人的文化、知识、语言、品位和性情的贬低。在教育中，象征性暴力涉及学生将"游戏规则"内在化，比如专业阶层的价值观高于工人阶级的价值观。在象征性暴力的背景下，工人阶级的学生可能会认定自己低人一等、懒惰、不配得到社会的回报。学生因此成为文化压迫的同谋。皮埃尔·卡莱斯（Pierre Carles）关于皮埃尔·布尔迪厄的电影《社会学是一门武术》展示了象征性暴力的力量和影响。影片的开头和结尾都有一个非常感人的场景：癌症晚期的布尔迪厄在法国的一家医院通过视频向芝加哥的观众做最后的演讲。布尔迪厄成长于工人阶级家庭，在镜头前显得紧张不安，最后他笑着解释说，自己用英语演讲很紧张，因为那是一门外语。接着他说，这很好地说明了"语言不安全感"。这是当时最重要的一位活着的社会学家对英语感到的恐惧,因为英语是美国院校的权力语言。当然,对于普通工人阶层来说,许多机构的权力语言使他们遭受象征性暴力。

103. 理论:指理性的、沉思的或思辨的抽象思想。在教育中,理论常常被错误地认为与实践格格不入。实际上,所有的实践都有理论假设作为支撑。理论使教师和其他文化生产者去探索那些指导他们实践的假设,并将他们的经验重新变成更好的实践。

104. 詹姆斯·图利:英国学者,他因支持在缺乏普及公立教育的贫穷国家推行收费性营利教育而闻名。图利的工作受到了世界银行的欢迎,但因提倡以市场为基础的教育,而不是推行免费的普及和公立教育而受到批评。图利还因写过一本反对女权主义和性别平等的书而广受批评。

105. 贸易自由化:资本和货物跨境流动时免除相关关税和限制。贸易自由化将国家及国家代表的公民与工人对贸易的控制,转移至拥有产业的私人手中。

106. 传统知识分子:指的是那些对外宣称中立,实际上却为统治集团生产知识的知识分子。

107. 转换型知识分子:该类型的知识分子既将知识与权力和政治相连,又采取行动并且有政治自主性。

108. 公益创投:按照风险资本模式进行的慈善捐赠。最大的公益创投机构包括盖茨基金会、布罗德基金会和沃尔顿基金会。公益创投支持教育私有化和按照营利性私有企业模式运营学校的公司模型。公众通过允许私人做慈善而放弃税收，大型公益创投机构能以自身规模和财富主导政策制度。公众实际上为放弃学校等公共资源的控制权买了单。

109. **学券**：详见"学券制"和"奖学金税收抵免制度"条。

110. **路易斯·维纳**：主要研究教会工会、教师教育及全球化与教育的批判教育学者。

111. **福利国家**：福利国家是指具有强大社会保障网的政府及国家。经过20世纪30年代的大萧条，美国建立了政府社会保障网，继而在20世纪60年代伟大社会改革期间进行扩大。这些项目缓和了资本主义的极端影响，由此帮助了很多可能缺少住房、食物、避难所和医疗保健的人。里根时代的保守主义转向缩减福利国家的规模，克林顿政府通过福利改革立法，继续缩小福利国家的规模。福利被转化成惩罚性的"工作福利"项目，体现为付给穷人过低的基本工作报酬以及将大多数公共住房私有化。企业媒体和政客自此将"福利"这一术语变为贬义词，而不是将其和对穷人的道德关怀联系起来。

112. **克里斯托弗·魏克礼**：第一批最大的营利性私立学校之一——爱迪生学校的创始人。魏克礼最早是一名广告商，之后创办了营利性有线电视频道——第一频道，向学区推广播广告的教育节目。作为爱迪生学校（现已更名为爱迪生学习中心）的创始者，魏克礼试图从学区拨给企业每个学生的钱和企业花在每个学生身上的钱之间的差价中获利。他的营利手段包括：克扣教师工资、缩小班级规模、增加教材数量和其他资源的提供量。爱迪生学校主要面向那些学生人均花费最少的贫困社区。最近，魏克礼开办了一家名为爱文世界学校（Avenues）的营利性私立学校，他说自己计划利用学校品牌为贫困国家的学生开发廉价教育产品。

113. 斯拉沃热·齐泽克：斯洛文尼亚哲学家和文化理论家，其学术研究的基础主要是黑格尔、拉康和马克思，其著作常常通过如影视等流行文化形式来研究当代政治与哲学问题。

图书在版编目（CIP）数据

教育政治学概论 /（美）肯尼斯·J. 索尔特曼著；曲英梅译. —北京：商务印书馆，2022
ISBN 978-7-100-20742-3

Ⅰ.①教… Ⅱ.①肯… ②曲… Ⅲ.①教育学—政治学 Ⅳ.① G40-053

中国版本图书馆 CIP 数据核字（2022）第 102198 号

权利保留，侵权必究。

教育政治学概论

肯尼斯·J. 索尔特曼　著
曲英梅　译

商 务 印 书 馆 出 版
（北京王府井大街36号　邮政编码100710）
商 务 印 书 馆 发 行
北 京 冠 中 印 刷 厂 印 刷
ISBN 978 - 7 - 100 - 20742 - 3

2022 年 9 月第 1 版　　　开本 880×1230　1/32
2022 年 9 月北京第 1 次印刷　印张 6
定价：35.00 元